少年读中国

人民卫士

郑　蔚 / 著

少年儿童出版社

写在前面的话

亲爱的少年朋友们，大家好！身处校园的你们，平日里大多时候，可能都埋头于繁忙的学业。尽管如此，相信你们也能通过各种渠道，感受到中国发展的蓬勃生机，体会到身为一个中国少年的责任和担当。

历史沧桑，一百年前的中国积贫积弱，饱受欺辱。就在这样的黑暗中，中国共产党诞生了，她犹如一盏明灯，照亮了中国的未来。一百年来，在中国共产党的领导下，建立了伟大的新中国；在中国共产党的领导下，改革开放从艰难起步到如火如荼；在中国共产党的领导下，人民生活越来越幸福美好……

如今，中国特色社会主义已步入到了新时代，中国取得的伟大成就举世瞩目！少年朋友们，你们一定想知道，这一个个成就的取得，到底经历了怎样的奋斗？每一位奋斗者又付出了怎样的艰苦努力吧？

"少年读中国"这套书的出版，为的就是让少年朋友们认识一个艰苦奋斗的中国、一个无惧挑战的中国、一个正努力实现伟大复兴的中国。

这里有你们也许未曾听说过的"八六"海战；

有你们过去只在电影、电视剧里见到过的"卧底英雄"；

有第一位在航母"辽宁舰"上起降的舰载战斗机试飞员；

有跋涉在冰川雪峰，接受各种极端环境考验，苦行僧似的科学家；

有我国第一代核潜艇总设计师在科研攻坚的道路上坎

坷而无悔的人生；

　　有 2020 年 7 月发射的火星探测器总设计师的"探月"和"奔火"的故事；

　　有正驾驶着"奋斗者号"深潜器遨游在大洋深处的深潜器总设计师；

　　还有正为执行我国第一座空间站飞行任务而努力训练的英雄航天员团队……

　　这些为科学进步、社会发展、国家安全和人民幸福而呕心沥血，甚至流血牺牲的科学家、发明家和人民英雄，以及他们面临的挑战、付出的努力、遭遇的挫折、赢得的胜利、怀抱的梦想，都如此真实而令人感佩，一定会激励你走向自己人生的正确方向。

　　少年时代，真的是一段十分重要的时光。在迈进2020 年的门槛之后，少年朋友们，更应当以未来为己任，树立远大志向和高远理想，用积极的、昂扬的、奋斗的人生态度来面对困境，迎接挑战。

少年强则中国强！

少年朋友们，一起努力吧！

目录

2019 年 10 月 1 日新中国成立 70 周年庆典阅兵式上，5 架歼-15 组成的空中梯队在万众仰望中飞过天安门广场上空。这是航母舰载机梯队首次亮相国庆阅兵式。

舰载机是航母最主要的作战力量。舰载机飞行员被誉为"刀尖上的舞者"，是名副其实的碧海之上的"海天雄鹰"，我军首位在辽宁舰上实现起降的舰载战斗机试飞员是戴明盟。

2019 年 9 月，中宣部、中组部等决定，授予南部战区海军航空兵副司令员戴明盟"最美奋斗者"称号。

舰载机飞行员这"海天雄鹰"的翅膀是如何打造出来的？

一个人，如果有幸承担国家或民族的重大使命，他是幸运的。

不是所有的人一生中都有这样的幸运。14亿人中，也许只有少数人有幸承担国家重大使命，而大多数人做着平凡的工作，为国家建设夯实基础，为社会进步"添砖加瓦"。

戴明盟就是这少数人中的一个。他说："祖国选择了我们，我们就要不辱使命，勇于担当。"

这使命非同寻常。1927年八一南昌起义，宣告了人民军队的诞生，在此后的二十多年里，这支军队始终是纯陆军。直到1949年4月23日，人民海军在江苏泰州白马庙宣告成立，才为人民军队增添了新军种；同年11月11日，中央军委致电各军区、各野战军，宣告中国人民解放军空军司令部成立，人民解放军的海陆空三大军种这才齐全。航空母舰是兵种合成的典型，是"军舰＋机场"这两个庞大要素的叠加融合，而航母舰载机是"海军里的空军，空军里的海军"，承担着远海远洋空中作战的使命。

如今，我国第一艘航母"辽宁舰"率领的航母编队已经驰骋大洋，成为国力和军力的象征，第二艘航母"山东舰"

戴明盟即将驾驶歼-15起飞英姿。　　　　　　　　　　　　　钟魁润 摄

也已下水，正在加紧训练，该舰于 2019 年 12 月 17 日入列。

2018 年 7 月，"辽宁舰"抵达香港。香港军迷激动地说，过去停泊在维多利亚港湾的只有英国军舰和美国航母，现在终于看到我们中国自己的航母编队了！

我们的故事就从载入史册的那一刻说起吧。

历史瞬间：尾钩精准地钩住了第二道阻拦索

2012 年 11 月 23 日，渤海湾深处，雪后初霁。"辽宁舰"迎风高速航行，在翡翠般的海面上犁下一道银色的航迹。

戴明盟前一晚睡得很踏实，早上他是 6 点多钟醒来的，拉开窗帘一看，天气出奇地好，顿时暗喜："好天，有戏。"

进场，准备有序。

航母调整航向，迎着风向加速，再加速，全速行驶，为的是让战机起降时得到最大的升力。

准点准时，开飞。

起飞，编号为"552"、昵称为"飞鲨"的歼-15 舰载战斗机拔地而起，即将进行中国舰载战斗机在航母上的首次起降，演绎一场"刀尖上的舞蹈"。

　　说它是"刀尖"绝不过分——高速飞行的战机，必须精准地落在甲板上的 4 根阻拦索之间，每根阻拦索间隔 12 米，有效着陆区域仅有 36 米，超过 1 毫米就是失败，后果不堪设想。

　　此时此刻，戴明盟却没有想这么多。他从空中俯身往下看去，海面平如蓝缎，闪着粼粼波光，"辽宁舰"俨然漂浮在汪洋中的一片树叶。

　　8 时 45 分，"辽宁舰"广播播报："552 号已于 8 时 41 分起飞，预计 8 时 55 分左右临空，进行阻拦作业试验。"

　　整个"辽宁舰"突然安静了下来，从飞行甲板到最底层的机舱，每个战位上的每一名舰员，都不由自主地紧张起来，没有人交谈，每一双眼睛、每一个镜头都紧紧盯着战鹰可能出现的方向。

　　天边传来轰鸣声，战鹰如期出现在预定空域。塔台内，一双双充满血丝的眼睛，紧盯着监视屏幕上不断跳动的参数和曲线。

　　着舰指挥官邹建国通过无线电告诉戴明盟："一切正常，从舰尾通过。"

　　戴明盟平静地回答："明白。"他加入着舰起落航线，如凌波海燕般掠过甲板上空，完成了着舰前第一次绕舰复飞。

然后，又是一次精准出色的触舰复飞，如蜻蜓点水。

不等飞机留下的尾烟散尽，舰面保障人员就迅速冲上甲板，再次展开了甲板异物排查。甲板再次清空，一切准备就绪！

中国航母敞开了她宽广的胸膛，随时准备迎接与战鹰的第一次拥抱。

"轰隆隆……"3分钟后，晴空滚过闷雷，舰尾方向，552号战机像一只羽翼大张的雄鹰，来了！

绕舰一转弯、二转弯，放下起落架，放下尾钩，三转弯、四转弯，战机对准甲板跑道，以近乎完美的下滑轨迹开始降落。

天空、大海、在场的官兵都屏住了呼吸，静听着戴明盟和邹建国平静得像闲聊似的对话……

戴明盟报告："起落架襟翼好，安全带锁紧，油量×××！"

着舰指挥官回复："姿态好，保持！"

戴明盟答："明白，请示下降高度！"

300 米、200 米、50 米……飞机发动机的咆哮声越来越大。

声如千骑疾，气卷万山来。

戴明盟以几近完美的轨迹迅速下滑，他原来设想的目标是挂第二道阻拦索，这是最理想的位置。如果挂第一道，万一挂不上，就只能复飞；如果挂第三道，尾钩就有可能跳到第四道上，这样不托底。

下滑、下滑……

飞机即将触及甲板，戴明盟觉得飞机稍有一点高，很自信地轻收了一点油门。

9 时 08 分，随着"嘭"的一声拉动弓弦般的脆响，眨眼间，舰载机的两个后轮"拍"在甲板上。尾钩精准地钩住了第二道阻拦索，甲板上呈现一个象征胜利的巨大"V"字。刹那间，疾如闪电的舰载机在阻拦索的作用下，稳稳地停在跑道上。

现场掌声雷动。在舰载歼击机着舰的那一瞬间，航母试验试航总指挥、时任海军副司令员张永义中将泪流满面。战位上，许多人落泪了……

这一刻，人民海军官兵已经盼了 60 多年；这一刻，中国人等待了太久；这一刻，将镌刻在共和国的史册上。

舰面地勤人员又立即行动起来，迅速投入到舰载战斗机起飞的准备作业中，加油、供电、充氧、惯导对准……

3小时后，戴明盟在放飞单上郑重地签上了自己的名字。他信心满满地又一次跨进了552号战机的座舱。他又要开始新的冲锋：在"辽宁舰"上沿着14度滑行甲板滑跃起飞。这对飞行员的技术、心理和生理同样是一种极限性挑战！

"辽宁舰"广播播报："552号飞机准备起飞！"

"飞鲨"双发点火，展开机翼，准确地滑到了3号起飞位。止动轮挡撤除，偏流板升起……

加油、加速、接通全加力……飞机发出震耳欲聋的怒吼，整个甲板也都颤动起来。戴明盟抬起右手行礼，示意可以起飞。起飞助理陈小勇看到这一手势后，心领神会，下蹲屈身，拉开弓步，右手臂猛力一挥，做出了一个优美的放飞姿势。

552号战机开始在甲板上滑跑加速，沿着14度的滑跃甲板腾空而起，直冲苍穹……

一切都在掌控中！这让一向喜欢挑战的戴明盟感觉意

犹未尽。在通过"辽宁舰"的舰岛上空时做了个完美的横滚动作,舞起了空中"芭蕾"……

这额外的华丽舞蹈,一下子点燃了"辽宁舰"上所有人的激情,霎时间,欢呼声响彻海天……

英雄炼成:舰载机飞行员的事故率是航天员的 5 倍

舰载歼击机在航母上起降,为什么这么难?

航母的飞行甲板,是国际同行公认的"世界上最危险的 4.5 英亩"。它仅有 300 多米长,最宽处也不过 70 米。据美国安全中心统计,舰载机飞行员的事故率是航天员的 5 倍,是陆基飞行员的 10 倍,其中八成事故发生在着舰过程中。

你想想,比航天员的风险还要大,这风险恐怕是世上最顶级的了。仅以美国为例,统计数据显示:从 1965 年至 1985 年的 20 年间,美国海军共摔过 1354 架舰载机,其中多半是在着舰过程中失事的,有近 1000 名舰载机飞行员殉职。

曾当过舰载机飞行员的美国前总统老布什在回忆录中

我人民海军首位在航母"辽宁舰"上实现起降的海军特级飞行员
戴明盟。

钟魁润 摄

写道：舰载机飞行员有将近十分之一的人因着陆阶段的技术失误发生坠机事故。

因此，就在 2011 年 7 月 27 日我国正式对外宣布正在改建第一艘航母的当天，就有外电引用某大国专家的话说："驾驭航母，中国至少要用 10 年时间……"

当时，中国还没有一位曾在航母上起降的舰载机飞行员。而航母如果不能起降战机，那还能算航母吗？

戴明盟和海军舰载航空兵部队的每一位飞行员，都清楚舰载机对航母意味着什么，也同样清楚地知道舰上起降的风险对飞行员意味着什么。

国之重器，以命铸之。

舰载机首降航母的任务交给戴明盟，是不是因为他天生就是"运气"特别好的人？

英雄是勇气、智慧和忠诚炼成的。

1991 年 6 月，未满 20 岁，还是空军第二基础飞行学校学员的戴明盟，第一次进行跳伞训练。跳伞，这是飞行员必须要掌握的一项基本技能。

那天，风和日丽。第一次坐飞机的戴明盟看什么都是新鲜的，激动取代了紧张。

飞机到达预定跳伞地域的上空。第一个跳下去了，第二个跳下去了，戴明盟排在第三个离机。随着教员的口令，他一跃而出。

他看到下面有两朵绽开的伞花，还看到碧绿的大地在迅速抬起，耳畔风声呼呼作响。他有点纳闷：自己下坠得怎么这么快？转眼间，他超过了第二个跳伞的战友，一刹那，他又超过了第一个跳下去的战友……

"3号、3号，检查你的伞，检查你的伞！"耳机里传来地面指挥员焦急的呼喊声。

戴明盟抬头一看，不由得惊出一身冷汗：主伞没有完全展开，伞绳缠住了伞翼，人像块肉疙瘩嗖嗖地往下掉。

万分危险！生死关头只剩几秒钟时间。"打开备份伞！"指挥员呼叫他。

首次跳伞就遭遇主伞打不开的特情，这对新跳伞员来说几乎是致命的。还没有来得及适应高速落地的"空中环境"，就必须立即开展"自救"。就如一名从没有上过路的新司机一动车就是上高速公路，一上高速公路就发现刹车失灵，踩下去的都是油门。

怎么办？

连紧张和犹豫的时间都没有。这一刻，戴明盟十分沉着冷静，按照训练时的程序，"压、拉、钩、夹"几个要点进行操纵，伞花"砰"的一声在蓝天上圆满地绽放。

戴明盟安全落地。各级领导都跑过去迎接他。

伞训大队长笑着问："你还跳不跳？"

"跳啊，怎么不跳！"戴明盟很自信地回答。按照学校安排，这次训练每人跳三次。

"好啊！"伞训大队长更乐了，大手一挥，"把我的伞拿去，用我的跳。"

第二跳、第三跳，戴明盟圆满成功！

1995年11月，戴明盟从空军第五飞行学院毕业，成为东海舰队航空兵某团的一名飞行员。次年的8月7日早晨，他和师副参谋长康仕俊一起，驾驶一架歼-6教练机，进行仪表科目训练。康仕俊飞前舱，他飞后舱。

起飞十几分钟后，突然，后舱里"忽"地一下冒出一股烟雾来，弥漫着强烈的煤油味。戴明盟暗叫一声"不好"，急忙向前舱报告。

康仕俊判断说："可能是油管破裂！"他们赶紧向塔台指挥员报告，同时驾机返航："01，01，飞机故障！"

"高度？"塔台指挥员询问。

"4300。"

"速度？"

"800。"

这时，机身后半部已喷出长长的火苗。瞬间，飞机剧烈抖动；发动机温度表直线升高；飞机很有可能瞬间发生爆炸！塔台指挥员紧急命令他们跳伞！此时，从飞机高度和速度来讲，是跳伞的最佳时机。

可是，戴明盟和康仕俊都知道，翼下就是长三角的经济重镇宁波。此刻，正是早晨上班的交通高峰期，宁波市中心的街道上车水马龙。如果此时跳伞，失控的飞机会成为投向这座城市的一枚重磅炸弹。两人操纵着随时都可能爆炸的飞机，调转航向，向着城郊飞去……

他俩终于发现前方有一块无人的菜地，这才先后按下了弹射按钮。此时，飞机的高度仅剩 500 米！两朵伞花先后在空中张开，他俩身后传来一声惊天动地的爆炸声，飞机瞬间解体！

他们和死神擦肩而过。

在接地的一刹那，戴明盟的右脚踩到了一块石头上，崴了一下。万幸的是，康仕俊也只是胳膊受了点轻伤。

亲历了一起"二等事故"的戴明盟，仅在医院做了 24 小时的观察和体检后，就出院找到教导员姚丹江："什么时候安排我飞行啊？"

姚丹江当时就感觉："这小子和常人不一样！"因为有人在经历过这种险情之后，会在心理上产生阴影，不愿再飞行，而戴明盟那么年轻，遭遇险情反而积极要求复飞，他的心理素质非同一般，真的有英雄气象！

忠孝之家：父亲说过，"为国尽忠就是最大的孝！"

也许不用问戴明盟"主伞缠绕时您想起了什么？""飞机即将爆炸时您想起了什么？"这样的问题，英雄在关键时刻的选择，其实在他成长的道路上早已有了答案。

戴明盟，原名戴犇，1971 年 8 月出生在重庆市江津区石门镇。他中等身材，浓眉大眼，透着灵气和机敏，见人总是笑呵呵的，脸上挂着他独有的招牌式笑容。

他的父亲叫戴雨林，是一名重庆嘉陵机械厂的技术工人。他的母亲刘德宣，是石门镇粮油站的职员。他还有个小他 3 岁的妹妹，名字叫戴穹。

1978 年，戴犇该上小学了。那时，石门镇的小学不叫石门小学，叫平等小学，石门火车站也叫平等车站。

开学那天，爸爸送他进了教室，班主任陈焕群是位和蔼的女老师，笑着问他："叫啥子名字啊？"

"我叫戴犇。"

"为啥子起这个名字啊？"

爸爸戴雨林回答："就是随便起的。"

陈老师想，"犇"这个字很多人不认识，就说："这个'犇'字，放在戴后面连起来不太好听，能换一个吗？"

"可以呀。他大伯家的孩子一个叫戴明江，一个叫戴明扬。老师，你给起一个吧。"爸爸爽快地说。

"好。"陈老师点点头，沉吟了一会儿说，"是明字辈的，那就叫戴明盟吧，和堂兄弟的排字一样。明，光明，明天；盟，团结的意思，并且上面也有个明。希望他和同学们携手并肩一起去追求美好的明天，也希望他有一个美好的未来。"

戴雨林一听非常高兴，连声说："这个名字好！就叫这个名字吧。"

戴明盟并不认为自己是"学霸",他说:"我小时候很顽皮,学习不好,只能算中下等吧。因为学习一般,恨铁不成钢的父亲给了我很大的压力,管得很严。"

父亲对他严,是因为所有的父亲对儿子都有不一般的"成才"渴望。更何况,戴雨林自己哥仨,他排行老二。老大家的儿子、女儿,一个考上清华,一个考上成都大学,老三还是四川省作协的作家。戴雨林自然将希望都寄托在儿子身上。

转眼,到了1992年4月。

戴明盟正在古城保定的第二基础飞行学校学习。军中有句老话:"新兵盼信"。那时候还没有手机,要和家中联系,基本上靠写信。有急事了才发电报,或到邮局排队打长途电话。戴明盟很长时间没有收到家信了,他给父亲写过两封信,也没见回音。过了春节,只有妹妹戴穹来了一封信,说是父亲身体不太好。这使他有点牵挂,也不知父亲现在怎么样了。

这一天,戴明盟接到在成都工作的叔叔的来信,让他有点喜出望外。可没看几行他的头嗡地一下就大了,信中说:一个月前,他的父亲戴雨林不幸因病去世。

不知过了多长时间，戴明盟才从这巨大的震惊、深切的悲痛中回过神来。他不相信，也不愿相信：父亲还这么年轻，才 40 多岁，怎么可能说走就走了呢？

在领导和战友们的劝慰下，戴明盟擦干眼泪，到保定邮局给母亲连拍了两封加急电报。他母亲这才强忍悲痛，打长途电话将父亲病逝前后的事告诉了他。

其实，春节时，父亲的病情已经很重了。他时常拿出儿子穿军装的照片，凝视良久，脸上透出自豪的笑容。

母亲知道老伴想儿子了，提出让儿子请假回来看看。父亲坚定地反对："不行！不能分散孩子的精力。"

进入 3 月，父亲的病情愈来愈重。3 月 9 日下午，他从昏迷中醒来，叫了一声儿子的小名"犇犇"。母亲抓住父亲的手，含泪问："你找孩子？有什么事要交待吗？"

"告诉儿子，要好好飞。国家的事大，家里的事小，任何时候、任何情况下，都不要因家事分心。自古都说，忠孝难以两全。他为国尽了忠，就是最大的孝！"父亲反复叮咛，不能把自己病重的情况告诉戴明盟，母亲只能含泪答应。

"也许，我这次能挺过来，亲眼看到儿子驾着飞机，飞到咱家上空转几圈，那该多好啊。如果这次我真的走了，就在九天之上，看着儿子开飞机，保佑儿子开好飞机……"这一次，父亲的话特别多，他面带笑容，再次陷入昏迷之中。

可父亲再没有醒来。母亲遵从丈夫的遗嘱，一直瞒着戴明盟。这天晚上，戴明盟悄悄走出宿舍，来到大操场，对着家乡的方向，庄重地给父亲磕了三个响头。

那一刻，他泪如泉涌，心如刀绞："爸爸啊！您走好！您的话儿子记住了，为国尽了忠，就是最大的孝！我一定飞出来，飞出来！"

英雄梦想，飞出中国的航母舰载机

怀揣着英雄梦，1994 年 9 月，戴明盟光荣地加入了中国共产党。

一个更大的梦想在召唤他。

2006 年 11 月，一个神秘的联合试飞小组悄然成立。

那是在西北黄土高原上，一座不知名的小城。城郊有一座世界闻名的试飞院。集合在这个试飞小组的，除了戴明盟，还有一批中国最优秀的试飞员，他们每个人都飞过10种以上机型，有的甚至飞过了我国当前所有在役机型。

戴明盟他们团队的目标只有一个：飞出咱们中国自己的舰载机！

"难，我们可以学。一开始最让人无助的是，我们不知道学习什么。"戴明盟回忆当初时，不禁感慨万千，"别人说摸着石头过河，可我们没石头可摸，因为还没有歼-15啊，只能一步步蹚水而过。"

蹚着水也要过！

中国自己的舰载机在哪里？那时，还在中航工业沈阳飞机制造公司（下文简称沈飞）的设计图纸上和制造车间里。

这大概是世界上别的试飞员没有遇到过的挑战。

歼-15是我国第一代多用途舰载战斗机。歼-15舰载战斗机总设计师孙聪介绍说，歼-15舰载战斗机是在我国第三代战机技术基础上进行了全新设计研制的，它配装有2台大功率发动机，机翼能折叠，有着舰载机必备的拦阻钩等系统，它的武器系统和现役歼-11B相似。由于是海军型号，因此会更强调对海攻击能力，尤其是具备强大的使用反舰导弹能力，可以携带使用现在所有国产精确打击武器。如，近距空对空导弹、主动雷达制导远距空对空导弹、超音速远程反舰／反辐射导弹、空对舰导弹、远程空地导弹、反辐射导弹以及系列制导炸弹等，可在敌防区外远程发射。

歼–15 怎么操控最合理？为实现作战的各项要求，各个系统该达到什么性能要求？这都是试飞员和沈飞的设计师、工程师一起反复探讨、总结出来的，也是试飞员一次次飞出来的。

阻拦索被称为舰载机飞行员的"生命线"，为了真实了解"生命线"的质量，试飞员们还要测试它的极限偏心偏航数据。

极限偏心偏航阻拦试验，是试飞着舰挂索这一阶段最危险的课目。

为什么要练"偏心偏航"？就是在着陆时故意偏离跑道中心线，看最大偏离中心和航向多少度，还能挂上阻拦索。说到底，这就是为了打仗。战情紧急之时，什么气象条件、什么风力海况、什么敌机袭扰，都有可能发生。

面对风险挑战，还是戴明盟首飞。第一次试验，戴明

盟有意偏心 × 米，飞机成功挂索。

张永义要求苛刻，让他再来一次偏心更大的。戴明盟二话没说，驾驶战机高速向着极限角度冲刺。他又成功了！

一组新的歼-15舰载战斗机阻拦试验数据诞生了。

但并不是每一个人都那么幸运。那天，邹建国进行同样课目的试验。当他驾机挂索的一瞬间，巨大的拉力将阻拦索一端拉断。断裂的阻拦索一端似一记流星锤，在空中打了一个转，"嘭"的一声，狠狠地砸中飞机尾翼。

幸亏当时是戴明盟在塔台指挥，他沉着冷静，果断指挥，才化险为夷。

试验现场，一位老工程师抚摸着断裂的阻拦索，流着泪喃喃自语："这条'生命线'是试飞员用生命炼出来的啊！"

航母的要素就是"舰+机"，但我国过去从未拥有航母，当然就没有指导舰载机飞行员起降的"教练员"。戴明盟等试飞员在训练中摸索总结出了"看灯、保角、对中"等驾机着舰的要领，简直说就是自己把自己从学员训练成了教员。

谈及飞行的难度，戴明盟打了个形象的比喻："舰载机飞行员都是数学家，苛刻的现实条件要求我们的飞行动作必须异常精确，我们的目标就是把飞行技术练成肌肉记忆。"

2009 年 8 月 31 日，歼-15 成功完成了首次陆基飞行测试。

2012 年 9 月 25 日，初秋的大连港，焕然一新的人民海军第一艘航空母舰彩旗高挂，由中国船舶集团正式交付人民海军，该舰舷号"16"，被正式命名为"辽宁舰"。"辽宁舰"的正式入列，标志着它已是我人民海军的一个正式作战单位。

海军舰载战斗机试飞部队，逐渐形成了由戴明盟、邹建国、徐汉军、孙政雄、魏红伟、卢志勇等人组成的第一梯队。

2012 年 10 月 12 日，一组歼-15 舰载机触舰复飞的照片正式对外发布，"飞鲨"立即聚焦了世人的目光。

在 2012 年 11 月 23 日戴明盟正式起降"辽宁舰"之前，试飞员队伍共进行了 8600 多架次的起落。

2013 年 8 月 30 日，新华社播发了中共中央总书记、国家主席、中央军委主席习近平视察舰载机综合试验训练基地和"辽宁舰"的消息："28日上午，他一下飞机就冒着风雨来到海军某舰载机综合试验训练基地，观看舰载机滑跃起飞、阻拦着陆训练，实地察看有关设备。看到飞行员们干净利落地完成了各项训练科目，习近平十分高兴，为他们热情鼓掌。""临别时，他勉励大家再接再厉、深入钻研、勤学精练，早日成为优秀的航母舰载机飞行员。"

这是习主席的指示、期望和嘱托，戴明盟牢牢记在心里，并以此时刻鞭策自己。

如今，戴明盟正率领着我南海舰载航空兵部队在海天上飞翔、壮大！

一个立志要实现伟大复兴的民族，不能没有英雄！

一支能打胜仗的军队，不能没有英雄！

一支世界一流的军队，不能没有英雄！

海天之上，中国战鹰在翱翔！

（衷心感谢沙志亮先生对本文的特别贡献。）

国庆阅兵：
我们的队伍向太阳

人类阅兵的历史可能比我们想象的要长，有资料说，古埃及、波斯、古罗马时已有阅兵活动。可见，阅兵很久以前就承担着体现国家意志、彰显国家实力和宣示民族精神的重任。只要现代国家制度还存在，只要世界上还有可能发生战争，阅兵这一国家武装力量集中呈现的重要仪式，就仍将存在下去。

中华人民共和国成立70周年庆典上，气势雄伟的阅兵式令国人振奋，令世界瞩目。

70年前，也是在天安门广场，开国大典的阅兵式，已永垂青史，实难相忘。

让我们从一个不同寻常的角度来打开共和国成立70年来的国庆阅兵长卷吧！

为报道开国大典，1949 年 10 月 2 日的《文汇报》，从平日正常出报的 4 个版，扩展为 10 个版，这在 70 年前堪称"厚报"。在天安门广场上参加开国大典的 30 万欢庆人群里，有《文汇报》记者浦熙修。这位才华横溢的女记者，在刊登于次日《文汇报》头版报眼位置的通讯《北京，在欢乐的海洋里》中，是这么讲述她亲历的开国大典阅兵式的：

毛主席与六位副主席等就位后，正式宣告中华人民共和国中央人民政府成立。这时国旗上升，乐队奏起国歌，五十四门礼炮连发二十八响，新中国在庄严肃穆中诞生了。礼炮鸣毕，毛主席朗读政府公告。三时三十五分，朱总司令莅场，检阅军队，约半小时而毕。四时许，开始分列式阅兵。海军前导，接着是步兵、机械化兵团、坦克的行列甚长，最后是马队。同时飞机亦冉冉起飞，翱翔天空。毛主席频频向下面经过的兵团举手为礼，又不时向天空飞机招手。阅兵典礼约于六时完毕。阅兵后，接着开始了伟大的游行行列……

读者还想知道：天安门广场上的第一面五星红旗，毛泽东主席是怎么在天安门城楼上亲自升起的？阅兵的分列式上，为什么是当年4月才成立的人民海军做了"前导"？……阅兵史专家陈宇、大连海军舰艇学院离休干部孙国桢等俯首为我们拾起了70年来关于共和国阅兵的珍贵的记忆之珠。

在欢庆的开国大典上，开国英雄们也做好了牺牲的准备

共和国成立70周年的庆典是从礼炮鸣响开始的，礼炮鸣响70响，意义很明确：人民共和国70年的历史，是中国共产党带领全体人民自力更生，艰苦奋斗，勠力同心，战胜艰难险阻，共创辉煌的历史。

但在1949年9月，第一次全国政治协商会议商量开国大典上礼炮究竟该鸣放多少响时，曾有过争论。有的说按宫廷古礼是8响；有的说整数好，放20响；还有的说国外的最高礼仪是21响，开国大典是最高礼仪，理应放21响。而毛泽东主席提议放28响，象征着共产党领导中

国人民奋斗 28 年才建立了人民共和国。这个建议得到了出席全国政协会议的代表们的一致赞同。

1949 年的开国大典，庆典仪式由中央人民政府秘书长林伯渠主持，毛泽东主席在天安门城楼上宣告中华人民共和国成立，并宣读中华人民共和国中央人民政府公告，政治协商会议代表一致公认第一面五星红旗应当由毛泽东主席亲手升起。但难题来了，毛泽东主席怎么才能到天安门广场上去升国旗呢？

于是，中央军委电信总局将破解这一难题的任务交给了去接管国民党联勤总部电信机修厂的军代表李岩。李岩找来厂里总工程师苏冶，请他设计一个电动升降装置，把升旗控制开关设置在天安门城楼上，这样毛泽东主席就可以在天安门城楼上按下电钮升国旗了。苏冶是中学毕业后奔赴延安的有志青年，当年美军"迪克西"观察团在延安的电台维修保障任务，就由苏冶承担。接到中央军委的重任后，他几天几夜没有好好休息，用 1 马力的直流电机做动力，完成了天安门广场上国旗杆的电动升旗装置。

开国大典时，当林伯渠宣布："请毛主席升国旗！"站在毛泽东身后的苏冶立即递上连着导线的电钮开关，毛泽东用力按下了升旗的电钮。

1949 年 10 月 1 日下午 3 时 10 分，在天安门广场上 30 万人的欢呼声中，新中国第一面巨幅国旗冉冉升起……

一年后，苏冶牺牲在抗美援朝战场上。他甚至没有能见证共和国第二次国庆阅兵。

阅兵史专家陈宇讲述苏冶的故事时，依然激情难抑。而孙国桢从 1951 年起曾连续 11 次出任国庆大阅兵水兵受阅方队的总教练，他还是我军唯一一位"队列教授"。作为海军舰艇学院的教官，他为何与国庆阅兵结下了不解的情缘？

孙国桢，有着不一般的人生经历。他曾受训于英国皇家海军学院，1948 年 5 月，他与 600 名中国海军官兵一起，驾驶着英国赠予中国的军舰——7000 吨的"重庆号"巡洋舰跨越重洋回到祖国。翌年 2 月，因不愿打内战，"重庆号"的爱国官兵在中国共产党的感召下举行了震惊中外的起义，驾驶这艘当时国民党海军最大的军舰从上海投奔到了解放区。年仅 23 岁的孙国桢作为组织实施起义的"士兵解放委员会"27 名成员之一，解放后荣获三级解放勋章。

说起 1949 年的开国大典，孙国桢老人语调中充满了兴奋、自豪和惋惜："我们从来没有过这么光荣的日子，从来没有过这么真正值得庆祝、值得举国欢腾的日子！"

1949年2月25日凌晨1点30分，当"重庆号"从吴淞口悄悄起锚，冲破黑暗奔向光明的时候，"新中国"——就是激动着舰上500多名起义官兵的理想。

孙国桢和他的战友没有想到的是，在梦想成真的这一天，"重庆号"的起义官兵代表走在了整个开国大典阅兵队列的第一排！

1927年在南昌城诞生的人民军队，直到1949年才刚刚有了自己的海军，弥足珍贵自不待言。

在新中国成立以来的15次国庆大阅兵中，唯有1949年开国大典的阅兵式是按照"海、陆、空"的顺序进行的，由人民海军方队打头阵。

"那时，还是战争年代。虽然已经解放了上海、武汉、西安、福州等大城市，但全国解放战争还没有结束，即使已经解放的大中城市里，匪特也还没有肃清。因此，何时举行开国大典、怎么举行开国大典，不可能像今天一样事先发布公告，告知全国人民，并将受阅部队集中训练几个月。那时，虽然知道要到北平①去参加开国大典的阅兵式，但无论总体安排还是具体细节，直到 9 月底，对参加阅兵式的部队官兵还是保密的，更不要说普通百姓了。"孙老说。

《开国大典阅兵命令》，直到开国大典举行前一天的9 月 30 日，才以阅兵总指挥聂荣臻的名义发布。

《开国大典阅兵命令》，读得孙国桢热血沸腾：

"一、十月一日为中华人民共和国中央人民政府成立日，特定于十月一日十五时在天安门广场及其附近地区，举行北平卫戍部队及中国人民解放军代表部队之阅兵典礼。"

……

孙老原是"重庆号"开国大典受阅官兵中的一员。但当时除了北平，各地也都要举行庆祝新中国成立的游行和阅兵式，多才多艺的孙国桢是萨克斯管手，那时会吹萨克斯管的人非常稀缺，安东海校的阅兵式少不了他，没有人可以顶替。部队领导下了命令将他留下，铸成了他与开国

---

① 北京旧称，1949 年 9 月 27 日，中国人民政治协商会议第一届全体会议决定，北平市正式更名为北京市。

大典阅兵失之交臂的终身之憾！

孙国桢只能眼巴巴地看着一个排的战友喜滋滋地登上开往北平的火车。

那时，中国还没有电视，孙国桢是通过广播聆听开国大典盛况的。

让他倍感骄傲的是，走在开国大典阅兵队伍最前列的旗手，就是"重庆号"巡洋舰一同起义的战友。那么多年过去了，孙国桢依然清晰地记得这位开国大典"第一旗手"的名字：李冠英。

而他的激动和骄傲，在开国大典阅兵的那一刻，又成了他最大的向往和遗憾。

几天后，参加阅兵式的战友终于回来了，战友们眉飞色舞的描述更加深了他的这种感觉——开国大典的次日，朱德总司令在北京饭店宴请三军受阅官兵代表。陆军应邀参加的是战斗英雄和师以上首长，而海军全体官兵受邀。更让他们自豪的是：海军官兵的坐席就在朱总司令的坐席附近，朱总司令还亲自过来向受阅的海军官兵敬酒。

孙国桢说，这不是对海军官兵个人的器重，而是共和国武装力量总司令对建设一支强大的人民海军的期盼！

多少年，旧中国有海无防！

陈宇说，关于开国大典的阅兵地点原来有两个方案：一是天安门广场，二是北平近郊的西苑机场。毛泽东、周恩来、朱德反复权衡后，才确定在天安门广场举行开国大典。

阅兵式上，由 9 架 P–51 型战斗机和 2 架蚊式战斗机，以及教练机、运输机组成的空中编队由东向西飞临天安门广场上空。在天安门广场上的人们数到天空中飞过的是 26 架飞机，后来才知道其中有 9 架飞机在飞过天安门后又绕圈飞到机队的尾部，第二次飞过天安门广场。由于空中衔接天衣无缝，地面所有的中外人员都没有发现这一奥秘。

但人们更不知道的是，其中有 4 架战斗机是带弹受阅的，为的是防止当时有着空中优势的国民党空军来犯，此举开了世界空军阅兵史上的先例。带弹受阅可不简单，难点不在飞行，难就难在"带弹着陆"，稍一不慎，就有可能因战机着陆过重而触发弹药爆炸。因此，所有受阅飞行员在出发前都签署过这样的誓言："我参加检阅，一旦飞机出现故障，宁愿献出生命，也不让飞机掉在广场和附近的建筑物上。"

　　而孙国桢的战友们在现场接到的阅兵总指挥的命令是：正式阅兵时，万一遇到敌机空袭，要原地不动，保持队形！这是因为现场有 30 万人，万一发生群体踩踏事故，伤亡人数可能更甚于敌机空袭造成的伤亡！

　　此前，我们这些晚辈确实没有想到：即使是在欢乐四溢的开国大典上，这些人民共和国的开国英雄们，依然做好了为共和国献出生命的准备！

　　开国大典上，检阅海陆空三军的是朱德总司令。但谁想到，朱总司令检阅三军时所乘坐的检阅车，也是从北京的一所艺术专科学校打了借条后借来的。当时这样"高级"的美式敞篷汽车，整个北京也只有 2 辆。

　　这也许是人民共和国成立之时，国家的家底有多薄的最好诠释。但即便如此，谁也阻挡不了共和国如同襁褓中的婴儿一样在人民祝福和期待的目光中日夜长大。

每次国庆阅兵，都见证了人民军队的成长

　　从 1949 年到 1959 年，共和国共举行了 11 次国庆大阅兵。

每一次阅兵，都见证了人民军队和我国国防力量的成长。

开国大典上，炮兵部队紧随在步兵部队之后通过天安门广场。按 75 毫米野炮、105 毫米榴弹炮、37 和 75 毫米高射炮的序列，火炮由小到大，依次通过。

今人也许想不到，这些自战场上缴获的日军和美制的火炮，有的还是由骡马牵引着走过天安门广场的。

"解放区的天，是明朗的天……" 1950 年的中国大地，到处回响着这让人扬眉吐气的欢快歌声。全中国几乎就是个大解放区，四万万同胞身心大解放，城市和乡村满是笑脸，满是歌声，满是阳光。

钢铁、电力、粮食、药品……那年头几乎什么物资都紧缺，但就是不缺人民群众对新中国的热爱、对共产党的信赖和期盼。

参加 1950 年国庆一周年阅兵典礼的部队官兵，有的在接受检阅后 19 天，就雄赳赳气昂昂跨过鸭绿江，再次投身硝烟弥漫的战场。

1951 年，走在国庆阅兵方队最前列的，是身经百战、功勋卓著的高级军官组成的军事学院方队。1951 年 1 月成立的军事学院，是我军创建的第一所军事高等院校，标志着我军现代化军事科学的起步。

那年，行进在高射炮部队方阵后面的，是今天的人们已经想不到的探照灯部队方阵。

1952 年，首都国庆阅兵受阅方队中，军事院校的方队比前几次阅兵时明显增多，这是因为军委、总部和各军兵种都相继建立了各类军事院校，全军的正规化、现代化建设全面推进。公安部队也首次亮相国庆阅兵场。但最引人注目的，还是来自汉族、蒙古族、回族、藏族、苗族、彝族、朝鲜族、黎族、撒拉族、土家族等十多个民族组成的民兵方队，他们穿着色彩鲜艳的民族服装，握着新式的轻武器，展示了全国各族人民共同保家卫国的决心。

1953 年，朝鲜战争停战协定终于签订，我国开始实施国家经济建设第一个五年计划。这年的国庆节，老百姓的心中充满了胜利的自豪感。阅兵式上，当 40 万群众看到在朝鲜战场上立下功勋的"喀秋莎"火箭炮威武雄壮的阵容时，全场爆发出了海啸一样的欢呼声。

1954 年的国庆典礼有 50 多万人参加。检阅受阅部队的是国防部长彭德怀元帅。分列式上，走在最前面的是徒

阅兵村里，英姿飒爽的空降兵健儿。　　　　　　　　　　郑　蔚摄

步方队，每个方队由 200 人编成，横排面 20 人，共 10 个排面。在步兵方队后面的是来自内蒙古大草原的骑兵部队，共编成 6 个方队。枣红色的、黄色的、白色的、黑色的……每个方队的马匹是同一种毛色，踏着《骑兵进行曲》的旋律，"铁骑旋风"们英姿勃发地行进在天安门广场。

接着，三轮摩托车团、摩托步兵团、伞兵部队、炮兵部队、坦克部队依次通过检阅台。这是我军的伞兵部队首次亮相国庆阅兵典礼。英雄的黄继光部队，也编入了伞兵部队。

"如果说，1949 年开国大典的阅兵式上，我军展示的还是'万国牌'的杂牌武器，那国庆 5 周年的阅兵式上，我军的装甲兵武器和飞机已经基本统一为'苏式装备'。尽管当时我国军工产业才起步不久，这些装备还是'照猫画虎'的仿苏式武器，但基本都已在国内生产，不是像过去那样花钱买来的。这还表明，我军已经从过去的单一陆军，成长为由诸军兵种编成的人民军队了。"陈宇说。

年轻的新中国，如同一个充满理想、飞快成长的阳光少年。

1954 年以后，国庆阅兵部队中没有了骑兵的身影。

畜力在国庆阅兵中的退出，从一个侧面印证了我军现代化建设的步伐越迈越大。

那时，按照每年的惯例，国庆阅兵完后，老帅们都要讲评。大连舰院的白兆麟副校长到海军机关去听传达，吃完晚饭，才能回天坛公园的驻地。

国庆节晚上，参加完阅兵的学员们可以放松一下，参加联欢，就是到天安门广场跳舞。孙国桢和学员们回到营地，等啊，等啊，学员们都睡下了，白兆麟还没回来。

夜深了，孙国桢正睡得迷迷糊糊，忽觉有人推他、叫他。睁开眼睛一看，原来是大队通信员，通信员说："孙教员、孙教员，白副校长叫你过去。"他一看表，凌晨4点，便想："这么早叫我，一定出什么大事了！"就一下子"吓醒"了。

孙国桢小跑着来到白兆麟的帐篷，只见他坐在木板床上抽烟，一根接一根。

直到4点30分了，他才开口问孙国桢："你觉得怎么样？"

孙国桢答："好啊！你放心，学员们都说，过天安门，踩乐点，很舒服，特别舒服。"

白兆麟这才说："这就对啰，受表扬了！"

"谁表扬？"孙国桢问。

"你想想。"白副校长卖起了关子。

"肖司令！"

"不——对。"

"老帅们？"

"不——对。"

"刘主席？"

"不——对。"

这下孙国桢激动得说不出话来了，他想到了毛主席，但他不敢相信这是真的。这太意外了，真的是太幸福、太幸福了！

原来，阅兵时，海军司令员肖劲光在天安门城楼上，就站在毛主席身后。

海军受阅方队通过后，毛主席转过身对肖劲光说："海军走得好，走得像一个人一样。"

肖劲光司令员听了毛主席这么高的评价，特别高兴。他马上写了个字条，让秘书告诉当时负责训练的白兆麟副校长。主席的原话，肖劲光司令员一字不落地记下了。

1955 年国庆阅兵，所有的受阅方队都第一次戴上了军衔标志。

那年的 9 月 27 日下午 4 点，中南海怀仁堂举行了中国人民解放军第一次授衔仪式。毛泽东亲自为朱德、彭德怀、贺龙、陈毅、罗荣桓、徐向前、聂荣臻、叶剑英等人颁发了元帅军衔和勋章。十大元帅中，林彪和刘伯承因为健康原因，没有参加授衔仪式。

中南海怀仁堂的授衔仪式，结束了中国人民解放军"有军无将"的历史。

1955 年国庆阅兵分列式上，走在受阅队列最前面的，是 11 岁就参加红军的少将吴华夺。这是国庆阅兵式上首次由一名将军担任阅兵的领队。

历次国庆阅兵中，有没有遇到老天爷来添乱——下雨的？还真有。

1956 年的国庆阅兵式对全体受阅官兵来说，遇到了前所未有的考验——阅兵式在大雨中举行！冒雨游行的群众庆祝队伍可以打伞，但解放军不能打伞。阅兵式展示的就是身经百战的人民军队的顽强作风、高昂士气和不屈不挠的坚定意志。

孙国桢老人和邻居谈到 1956 年国庆阅兵的大雨时，邻居不免流露出担心的语气，哪知孙老大笑着一摆手："你们多虑了，下雨怕什么？雨越大，战士们的士气就越高昂。雨越大，越是要走得比其他方队更整齐。"

军人的作风就是这么"炼"出来的。

那时的天安门广场、长安街远没有现在这么平整，一场大雨，净是水洼。但受阅方队经过天安门时，依然步伐整齐划一，口号雄壮响亮，精神十分饱满。他们身上蒸发出的热气，形成了一层薄雾。远看，只见铿锵正步将水花踢得四溅！

阅兵结束大家一看，受阅官兵不仅皮鞋、裤子湿了，上身也全湿了，腰部以下可以绞出水来。

但大雨还是带来了遗憾：空中阅兵被迫取消了。孙国桢期盼能在国庆阅兵时看到我军最新国产喷气式歼击机的愿望落空了。

这个心愿直到 1957 年的国庆阅兵式才实现。那天，国产的歼-5 歼击机编队飞过天安门广场。它是高亚音速歼击机，最大时速 1145 千米，最大航程 1850 千米，实用升限 16600 米，装有一门 37 毫米和两门 23 毫米航炮，其部分技术性能指标不逊于美军"佩刀式"战斗机。

1958 年，首都 60 多万群众参加了国庆典礼，这也是共和国举行的第十次国庆阅兵式。

1959 年庆祝新中国成立 10 周年大典，《文汇报》在次日的头版头条位置上刊发了消息《首都隆重举行庆祝建国十周年大典》，而对当天的阅兵式，则在二版作了详尽的报道：

今天，天安门广场举行盛大国庆阅兵。英雄的人民解放军陆、海、空三军部队，以雄壮的阵容通过天安门广场，接受检阅。

迎风招展的"八一"军旗，引导着军事学院和步兵、炮兵、工程兵、坦克兵、航空兵、铁道兵、海军等学校的队伍，首先进入天安门广场。他们排着 24 路纵队，精神抖擞，齐步前进。

向着工业化飞跃前进的伟大祖国，给了人民解放军各种现代化武器装备。受阅各部队的装备中最新式自动步枪、大炮、坦克、高速度的喷气歼击机，都是祖国制造出来的。

我们伟大祖国万里海疆的保卫者——海军军官和水兵们列队通过天安门广场。他们当中，有击沉、击伤敌舰船 100 多艘、俘获 50 艘的东海舰队水兵；还有来自福建前线的水兵，他们在去年秋天的两个月里，曾把 20 多艘蒋军舰艇埋葬在台湾海峡。我们祖国"有海无防"的时代一去不复返了。

装备精良的步兵、摩托步兵和空降兵等机械化部队的强大阵容循序而过。步兵头戴钢盔，手执自动步枪。整齐如一的前进步伐，充分表现高度的训练水平。受检阅的摩托化步兵第一连，是当年坚持井冈山斗争的红军第一军第一师的一个部队。

炮兵勇士驱车牵引着 144 门各种口径的远射程大炮前进。这些大炮，绝大部分是我国自己制造的。其中有威力强大的自动化高射炮。拖着大炮的"五九"式履带牵引车和 99 辆巨型坦克，它们组成的钢铁巨流，发出隆隆的巨响，来到天安门前。

当人们正向广场上的铁流招手欢呼的时候，155 架强大的喷气式轰炸机和歼击机群，突然出现在天安门东方的天空。这些英雄的战鹰，排着整齐的五机编队，像闪电一般，夹着雷鸣般的吼声一闪而过。我国自己制造的新式超音速喷气歼击机，大显威风。驾驶它们的是我国空军建军最早的一个师。这个师从成立以来共击落击伤敌机88架，涌现出3400多名英雄、模范和立功受奖人员。

　　孙国桢说，1959年庆祝新中国成立10周年的阅兵与1954年5周年的阅兵相比，不仅取消了骑兵，而且取消了三轮摩托车部队，以及口径在100毫米以下的大炮、高射炮方队。在144门各种口径火炮组成的7个炮兵方队中，有122毫米和152毫米的榴弹炮方队，有122毫米、130毫米的加农炮方队，有153毫米的加榴炮方队，以及100毫米高射炮和雷达探照灯方队，这6种型号的火炮中，有5种型号是我国自己制造的。

　　孙国桢老人还记得，阅兵式上让全场70万群众为之一振的是，99辆坦克中有33辆是当时国产的最新型坦克，连作为军人的孙国桢过去都没有见过。这批坦克当月刚刚命名，具有当时的世界最新水平，后来正式定名为我军的59式中型坦克。他听陆军部队的教官介绍说，59式坦克无论是火力，还是机动力，都能与当时的苏军T-54式主战坦克相媲美。它已经装备了红外夜视仪，激光测距最远可以达到3000米，100毫米的线膛炮还带有高低向稳定器。

与1954年的阅兵武器相比，1959年国庆阅兵式上受阅的武器基本上是我国制造的，有部分武器已有所创新，不是完全的苏式武器的仿制版，反映出国防工业的进步和我军正规化、现代化建设的成就。

每次国庆阅兵都要对受阅部队进行评比。1959年的评比结果是：海军大连舰艇方队在院校方队中还是第一名。这是对总教练孙国桢新的训练方式的最好肯定。

冲破艰难险阻，共和国雄师昂首走来

查了很多公开资料，都没有查到关于1960年国庆阅兵的记载。

说起1960年的国庆阅兵，孙国桢老人深深地叹了一口气——

1960年的国庆阅兵原本是按计划进行的，受阅部队已经集中到了北京。正式阅兵前的合练、预演都进行过了，在最后的准备时间里，受阅部队只要保持状态就可以了。

那年，参加阅兵式的各部队教官都提出：参加了这么多年的阅兵，都没有在观礼台上看过阅兵，能不能在预演合练时也让我们上观礼台上看一看？

领导机关接受了教官们的建议。就在 9 月下旬的预演合练时，这些年来一直在阅兵场上风吹日晒的阅兵"教头"们第一次上了天安门和观礼台。

孙国桢清楚地记得，他曾经走到天安门城楼上原来毛主席阅兵时站立的位置后面站着。不用说，毛主席站立的那个位置，没有一个教官敢站在那里。能站在毛主席阅兵的位置后面，已经是很大的荣耀和幸福了。

就在国庆阅兵的日子屈指可数的时候，突然上级一道命令下来：取消 1960 年所有的大型国庆活动，阅兵式当然包含在内。孙国桢只记得上级说的理由是："国家经济发生困难。"

实际上，三年困难时期已经开始。生活在部队大院内的孙国桢对这一切并不十分知情，不过他感受到的变化是：过去部队到北京集训后，不仅伙食有所改善，上级还要发补贴，给战士们增加营养。而这次，伙食里竟然有一半是高粱米等粗粮。这是过去从来没有过的。

孙国桢只能推想，部队都这样，地方上一定更困难了。

国家有难，军人只能为国分忧。

离开北京驻地返回大连的军列上，孙国桢和他的战友们忧心忡忡地望着后退的原野。

从 1960 年到 1983 年，国庆节都没有举行阅兵式。

整整 24 年。

这 24 年，对共和国来说，大落大起，大悲大喜。

1976 年 10 月，共和国的航船终于驶离了"文革"的暗礁险滩。

1978 年 12 月，中国共产党十一届三中全会重新点亮了共和国航船驶向未来的灯塔。

直到 1984 年，改革开放后的中国才再一次举行了盛大的国庆阅兵活动。

1984 年 10 月 1 日，一位小个子的伟人，在万众瞩目之下，挺立在新中国成立 35 周年国庆大典的阅兵车上，检阅了中国人民解放军陆、海、空三军受阅部队。然后，他登上天安门城楼，用带着浓重四川口音的普通话，描绘刚刚从浩劫中恢复元气的共和国的未来宏图。海内外都在凝神聆听。

北京的天，依然是明朗的天！

1984 年 5 月，新中国成立 35 周年阅兵式受阅部队进京集训，59 岁的孙国桢以海军学员大队副大队长兼总教练的身份，带队进驻京郊沙河机场。

那年 10 月 2 日《文汇报》的头版，在"普天同庆中华人民共和国成立三十五周年"的通栏大标题下，在头条位置刊登了发自北京的消息《首都举行盛大阅兵和群众游行》，还刊登了中央军委主席邓小平同志乘敞篷车检阅受阅部队的照片。在二版上，刊登了近 2500 字的长篇通讯《首都国庆阅兵威武雄壮》，详尽描绘了阅兵盛况：

上午十时，中共中央政治局常委、中央军委主席邓小平在国庆阅兵总指挥秦基伟陪同下，乘敞篷车检阅部队。两辆敞篷车先后从金水桥南侧出发，沿着大军列阵的东长安街徐徐行驶。邓小平主席在一个个方队前高呼："同志们好！""同志们辛苦了！"指战员们齐声高呼："首长好！""为人民服务！"

邓小平同志在检阅部队后登上天安门城楼发表讲话，接着开始了气势磅礴的阅兵分列式。

那天，肩负采访重任的《文汇报》摄影部主任陈根宝在天安门广场，也见证了这历史性的一幕。尽管 25 年过去了，如今的陈根宝已是一头华发的耄耋老人，但回忆起阅兵式上波澜壮阔的画卷，依然激动不已："走在最前面的是三军仪仗队，这是三军仪仗队第一次亮相国庆阅兵式。首次在国庆阅兵式上一展雄姿的，还有我军的导弹部队。"

行进在导弹方阵最前面的是由汽车牵引的 16 枚海军导弹。第一排车上装载的是 4 枚被西方称为"中国飞鱼"的"鹰击 8 号"C801 舰舰导弹。该导弹有效射程达 40 千米，只要命中一发，就可以击毁或重创一艘 3000 吨的驱逐舰，主要技术指标为 20 世纪 70 年代国际先进水平。

居中的是空军的防空导弹方队，由八排共 32 辆导弹牵引车牵引的 32 枚银光闪闪的"红旗号"地空导弹编成。该英雄部队曾多次击落来犯的 U-2 高空侦察机。

为国庆阅兵全场压轴的国之重器，是 9 辆大型牵引车载着的我国自行设计制造的战略导弹。战略导弹历来被视为国家的核心机密，这次是首次出现在社会公众和中外媒体的新闻摄像机面前：第一排是"东风 3 号"导弹，第二排为"东风4号"导弹，第三、第四排分别为"东风5号"导弹的二级弹体和一级弹体，呈长圆锥形的导弹，纵长达二三十米，围长有3~5米。这些中程、远程和洲际导弹的弹顶为鲜红色，弹体为乳白色，尾部中段涂有国防绿色。

在人们欢呼战略导弹部队的声浪中，空中梯队的32架强-5型强击机，分成四个中队低空掠过。紧接着，35架歼-7型歼击机分成7个中队，以严整的队形、雷鸣电闪般的气势，在天安门广场上50多万人的注目礼中飞过。

就在这场阅兵式后的民众庆祝游行队伍里，北京大学的学生自发地打出了"小平您好"的横幅，成为传遍海内外的佳话。

1999年，新中国50华诞的日子到来了。

那年9月30日晚上，已经离休的孙国桢大校，在大连老虎滩旁的大连舰院干休所里，充满不安和担忧。

原来，当天下午，北京骤降大雨。

"不知道明天天气会不会转晴？国庆阅兵能不能顺利进行？"孙老尽管人在大连，心却在北京。

此时，他的学生正带领大连舰院的阅兵方队在北京阅兵村里，第二天上午将出现在国庆50周年的阅兵式上。"不管下不下雨，你们都要走好啊。"孙国桢老人在心里为他们鼓劲。

走大方队，人越多越难走。1954 年，毛主席表扬"海军走得像一个人一样"，那时是 200 人的方队；到了 1959 年，走的是 240 人的方队；而从 1984 年起，走的是 350 人的方队。人越多，方队的训练难度就越大。

天遂人愿，翌日凌晨 3 时，北京大雨转小；晨 5 时，北京雨过天晴，明月高悬；上午 8 时，阳光灿烂，三军开颜。

一夜秋雨将北京城洗得格外清新，鲜花争妍，一片祥和。

次日，《文汇报》头版的套红大标题是：《首都盛典欢庆共和国光辉节日江泽民检阅三军观看群众游行》。三版头条的《世纪大阅兵》，描绘了阅兵式的盛况：

像一团流曳的火焰，鲜艳的军旗首先映入人们的视线。156 名三军仪仗队员护卫着这面鲜血染红的神圣战旗。

"向前，向前，向前……"16 个徒步方队伴随着整齐的步伐声动地而来，接受祖国和人民的庄严检阅。

这是 13 次国庆阅兵中兵种最多的一次。改革开放新时期诞生的陆军航空兵、海军陆战队、武警特警、预备役等部队，今天第一次汇入了这受阅大军中。

当阅兵式上焕然一新的金戈铁马从长安街上滚滚而来时，人们发现：1984 年阅兵式上展示的武器装备大多已成为记忆。

1999 年的阅兵式受阅方队总数由上一次的 46 个增加到 52 个；陆军步兵方队由 5 个减少为 2 个，军事院校方队由 6 个减少到 4 个，而陆军、海军、空军的导弹方队则从过去的 4 个增加到 7 个；受阅的重装备车辆达到了 409 台。

空中梯队由 4 个增加到 10 个，其中海军航空兵和陆军航空兵首次参加联合受阅，战机由 94 架增加为 132 架。

受阅的 42 种大型武器装备，在种类上比 1984 年增加了将近一倍，而且其中 95% 以上是新型武器装备，这些新型武器绝大多数是我国自行生产研制的……

陈宇说，在那年国庆阅兵式上首次亮相的 99 式新型坦克，用上了 125 毫米高膛压滑膛坦克炮，更准、更快的威力让它的总体性能达到了世界先进水平，从而实现了从第二代向第三代的跨越。除采用复合装甲外，还能够与红外、激光制导的反坦克导弹进行对抗，它可在行进间射击，首发命中概率达到九成以上。

空中编队中首次亮相的战机令人振奋：机型硕大的空中加油机由国产的轰-6轰炸机改装而成，它可成倍地增加我歼击机的作战半径和滞空作战时间；6架威猛的"飞豹"登场，它攻防兼备，作战半径达到1650千米，部分性能超过了"美洲虎"和"狂风"；作为重型战斗机的苏-27战机，是先进的第三代喷气式超音速战斗机，有着超视距作战和全向探测、攻击能力。

未来的战场是高技术的立体战场，导弹部队的作用尤为重要。那年阅兵式上展示了我陆、海、空三军新型导弹群——

陆军登场的是野战防空导弹大队，他们已经装备了数字化作战指挥系统；而空军的车载式低空导弹，既可以拦截低空入境的敌机，还可以击毁巡航导弹；海军一下子亮出了4种型号的舰空导弹和舰舰导弹。被称为"中国飞鱼"的舰舰导弹，能实现超雷达视距攻击，导弹起爆后形成的高温金属射流，可击穿 1 米厚的钢板，穿入舰体后再爆炸以彻底摧毁目标。而另一种威力更为巨大的使用固体火箭发动机的舰舰导弹，主要使命是攻击敌大中型水面舰艇及编队。导弹、火箭已经取代火炮，成为我海军的主要作战武器。

由"东风"新型常规地地导弹、战役战术导弹、中程弹道导弹和远程战略导弹组成的 4 个方阵，显示出我军新型远程导弹威力更大，机动性能更强，生存能力和反击能力都有了极大的提高。

2009 年年初，海军大连舰艇学院又聘请孙国桢为共和国 60 周年庆典阅兵式海军院校方队的总顾问。

9 月 30 日晚，北京又是一夜秋雨，而国庆阅兵当天又是阳光明媚。

《文汇报》报道国庆盛典的头版大标题是《隆重庆祝新中国 60 华诞——胡锦涛出席庆祝大会检阅受阅部队并发表重要讲话》，《文汇报》特派记者团队是这么记载当天的阅兵式的：

10 时 37 分，三军仪仗队迈着铿锵的正步，护卫着鲜

艳的八一军旗，率领着14个徒步方队走过东华表，开始
了分列式。观礼台上的杨利伟、包起帆和张云泉纷纷举起
了手中的照相机，记录这历史性的一刻——

方阵如山，气势如虹。

走在最前面的是陆、海、空三军仪仗队，这支有"军
队标兵"之称的方队，再次向世界展示了中国军队的风采。

钢铁巨阵，排山倒海。

神秘而激动人心的导弹部队一一亮相。

机动雷达方队，首次参加国庆首都阅兵。它凸显了
我空军把侦察预警作为信息化建设的重点，发展新型雷达
和多平台预警装备，基本建成预警手段空地一体、空地信
息共享的预警体系的新成就。

无人机方队也是首次在世人面前亮相。三种不同机
型的无人机表明，我军无人机部队构成了多机型、多航程、
多用途的力量体系。

首次亮相的陆基巡航导弹方队来自第二炮兵某旅，
是迎着新军事变革挑战成长起来的新军，是对敌实施中远
程军事打击的一把利剑。

气势磅礴的空中梯队呼啸而至，12个空中梯队，共

151 架新型战机。

曾是歼击机优秀驾驶员的杨利伟将镜头对准从广场上方通过的领队机——空警 2000 预警机。杨利伟要记录下蓝天上的雄壮，与战友们分享。

其后的 2 架空警-200 型预警机，则由 6 架歼-11 战斗机护航。该两型预警机是我国自主研制的信息化主战装备，它们的出现大大提高了空军的高空和低空远程探测能力，增加了空中作战指挥控制能力，扩大了作战指挥范围。

轰炸机梯队飞来了，它由 9 架轰-6H 轰炸机组成，该机具有防区外远程打击能力，表明我空军侦察能力、指挥控制、打击力量不断完善，信息化支撑环境明显改善，体系作战能力大幅提高。

全面重塑首次整体亮相，迈向世界一流军队

所有的阅兵式，可见层面展示的是国家武装力量的水平和实力，更重要的是展示这个国家执政者的执政能力和这个国家的综合国力，以及全体民众的精神状态和这个民族的文化底蕴。

新的时代，迎来了共和国新的阅兵式。

2019 年 10 月 1 日，是共和国 70 周年大庆。

晨曦初露，天安门广场已是万人翘首而待。

上午 10 时整，56 门礼炮鸣 70 响，声震云霄，庆祝大会开始。

礼炮声中，222 名国旗护卫队官兵护卫着五星红旗从人民英雄纪念碑走向升旗区。

10 时 05 分，1300 多人的中国人民解放军联合军乐团奏响中华人民共和国国歌，五星红旗冉冉升起。

10 时 06 分，中共中央总书记、国家主席、中央军委主席习近平在天安门城楼上发表了重要讲话：

70 年前的今天，毛泽东同志在这里向世界庄严宣告了中华人民共和国的成立，中国人民从此站起来了。这一伟大事件，彻底改变了近代以后 100 多年中国积贫积弱、受人欺凌的悲惨命运，中华民族走上了实现伟大复兴的壮阔道路。

70 年来，全国各族人民同心同德、艰苦奋斗，取得了令世界刮目相看的伟大成就。今天，社会主义中国巍然

屹立在世界东方，没有任何力量能够撼动我们伟大祖国的
地位，没有任何力量能够阻挡中国人民和中华民族的前进
步伐。

这坚定有力的话语，从天安门广场传遍了大江南北，
在祖国的山河间回荡。

10 时 15 分，阅兵仪式开始。

陈宇说，这是新中国的第 15 次国庆阅兵，也是中国
特色社会主义进入新时代的首次国庆阅兵，还是人民解放
军武装力量改革重塑后的首次整体亮相。

在天安门广场东观礼台上的《文汇报》记者江胜信，
为波澜壮阔的阅兵式所深深震撼：空中护旗梯队是阅兵分
列式的前导，党旗、国旗、军旗在空中飘扬，20 架直升
机在空中组成了巨大的"70"字样。

三军仪仗队高擎着党旗、国旗和八一军旗，迈着矫健
的步伐从长安街走来了，宣示着人民军队永远听党指挥这
不变的军魂。紧随在他们后面的，是一个特殊的方队——
"领导指挥方队"，25 位将军组成了第一个排面。这支方
队是历次国庆阅兵方队中第一支由军委机关、5 大战区和

陆军、海军、空军、火箭军和武警部队这5大军种的将、校、尉军官组成的方队，他们来自全军24个大单位，其中年龄最大的59岁，年龄最小的24岁。该方队中将军有27人，是历次阅兵中单个方队里将军数量最多的。领导指挥方队的出现，旨在树立带兵打仗、砺将谋胜的鲜明导向，展现我军指挥员身先士卒、以上率下的良好形象，体现我军"军委管总，战区主战，军种主建"指挥体制的新格局。

首次亮相的，还有代表全军院校科研战线的方队、以蓝色贝雷帽为标志的维和部队方队、联勤保障方队和文职人员方队。科研战线方队由军事科学院、国防大学、国防科技大学联合组队，352名队员中，71%是博士、硕士，这是所有受阅方队中学历最高的，堪称"学霸"方队。他们涵盖我军不同的军种，体现了我军官兵知识化、信息化水平的大幅提升。

所有的徒步方队迈着整齐的步伐，行进到东华表时，随着嘹亮的口令声"向右——看"，方队瞬间由齐步走同时快速踢出正步，肩枪的变为端枪，原来眼睛平视前方的受阅者迅速摆头向天安门城楼，整个方队凝神聚力、英姿飒爽，威武雄壮。

为大阅兵时走好正步，空降兵部队用计算机测量战士的步幅和频率。

郑 蔚摄

　　陈宇说，天安门广场的东西华表之间距离 96 米，受阅官兵以 75 厘米的步幅、每分钟 116 步的速度、1.2 米的间距，正步行进 128 步通过。

　　中国式正步，步伐铿锵，闻名世界。但今人可能怎么也想不到，开国大典上阅兵式进行时，受阅的徒步方队经过东西华表之间接受党和国家领导人检阅时，步伐迈的是"齐步走"，而不是今天全国人民都熟悉的整齐划一的"正步走"。

　　"那时，中国人民解放军的队列操典里还没有'正步走'。"孙国桢老人解释说。

　　1949 年，当"重庆号"巡洋舰的起义官兵受命赴京参加阅兵时，原本带去的还是"英国皇家海军式"的方队步伐。英国皇家海军正步走时，左右手臂不向内弯，而是将左右手臂甩到与地面呈 180 度平齐。孙国桢的战友们一看不行，临时改成了与中国人民解放军陆军部队一致的"齐步走"，左右手臂向内弯。

　　而当时中国人民解放军陆军也没有统一的《队列条令》，已有的操典里，也没有"正步"这种步伐。当时时间紧迫，如果要临时编写一本规范的队列动作操典，已经来不及，只好找了一本苏联军队的队列条令和一本国民党军队 1935 年版的《中华民国二十四年操典》小册子做参考。

孙国桢介绍说，我军最早的"正步"步伐，参考了苏联军队的队列条令。但在具体的训练过程中，又不能不根据我军的实际情况做较大幅度修改。例如，苏军的队列条令规定，正步行进时，战士的目光不是向前平视，而是头向上仰 30 度，充分体现自豪感；但我们历来强调"解放军是人民子弟兵"，如果我们的战士也这样，在中国的文化环境里就容易被人误读为"趾高气扬"。还有，苏军正步走摆臂幅度很大，向前摆时，手臂一直要摆到与下巴同高；而如果我们的战士也把手臂甩那么高，可能会被认为"这是不是太夸张了"，所以，我们解放军的正步走，既不学"英国皇家海军式"，也不照搬苏联军队条例，还得有中国特色。中国人民解放军的队列条令最后规定：正步走时，头要正，两眼平视，手臂摆到胸前。

孙老说，一个方队走得好不好，看什么？概括来说："远看看斜线，近看看横线"。斜线有好多条，方队的对角线是最长的斜线，向两边依次排去是长短不同的斜线。无论斜线长短，在行进中，每条斜线始终保持整齐，每个人才算真正走正了，这个方队才算真正走齐了。从天安门城楼上，不可能看清每个队员的细微动作，但能看清方队的斜线和直线整齐不整齐，这就是关键。

15个徒步方队依次通过天安门城楼后，32个装备方队在震天动地般的巨大轰鸣声驶来。整个装备方队分为陆上作战、海上作战、防空反导、信息作战、无人作战、后装保障、战略打击7个模块，势如排山倒海。

行进在装备方队最前面的，是25辆猛士车组成的战旗方队，来自从土地革命战争时期、抗日战争时期、解放战争时期以及新中国成立以来荣誉功勋部队的100面战旗，象征着对革命先烈和战斗英雄的景仰，表达着迈进新时代的中国军人不忘初心、牢记使命，矢志强军兴军的决心和信心。

战旗方队之后，坦克方队以"箭形"编队率先入场，"箭形"编队就是"1+2+3+4×3"的队形，这种编队要在分列式上排列整齐，难度大于其后方队的"2+4×4"队形，但更接近实战中向敌突击的态势。入场的99式坦克的技术指标、作战性能比10年前更为先进，达到了三代半的水平，足以媲美发达国家的先进坦克，有的指标还领先世界，体现了我国陆军建设按照精干合成、灵敏多能的目标，逐步向小型化、多能化、模块化方向发展，不断提高信息化条件下的联合作战能力。

《文汇报》记者江胜信在观礼台上看到：无人作战第一方队、第二方队依次亮相，2架黑色涂装的无人机；是首次亮相国庆阅兵的高空高速无人侦察机，可为战场提供侦察和打击效果评估情报；而攻击–2无人机能够全天候遂行侦察打击任务，攻击–11无人机则可进行制空突击、压制防空等作战任务。

信息作战模块是人民解放军新型信息作战力量首次在国庆阅兵中集中公开亮相，共有4个方队。陈宇介绍道，第1方队由16辆配有形状各异天线的车辆组成，是我国自主研发的新一代信息作战装备，具有破击节点、瘫痪体系等性能，能为掌握复杂电磁环境下战场主动权提供有效支撑；第2方队以陆军某电子对抗旅为主体组建，是国防和军队改革后首批新型作战力量，具备"侦扰一体、网电一体、软硬一体、空地一体"的作战能力；第3方队受阅装备共有4型，都身披数码城市迷彩，高擎通信天线，是我国机动通信装备的最新成果，可大大提升我军基于网络信息体系的联合作战、全域作战能力；而第4方队，有观天测地的"火眼金睛"之誉，受阅的气象水文观测车、地形勘测车、预报保障车、测绘导航车等装备，也都是首次接受检阅的国产新型装备。

而装备方队的压轴巨阵，是由7个型号导弹方队组成的战略打击模块。首个亮相的是东风-17常规导弹方队，该型导弹的弹头已经不是普通的圆锥形，显示其具备全天候、无依托、强突防的特点；长剑-100巡航导弹方队紧随其后，这款超音速巡航导弹是首次展现在世人面前，它精度高、射程远、反应速度快，是长剑系列的最新型号；第三个亮相的是东风-26核常兼备导弹方队，它具备跨区无依托机动发射能力，能够对多种目标进行精确打击；我战略导弹核潜艇装备的巨浪-2导弹方队，也是首次亮相，该型导弹具有隐蔽性高、威力大、突防能力强等特点。

火箭军数型战略核导弹武器在受阅地面方队中甫一亮相，观礼人群就爆发出一片欢呼。东风-31甲改核导弹方队是我国大国地位、国防实力的显著标志；东风-5B核导弹方队携带弹头多、突防能力强、毁伤威力大，是捍卫民族尊严的坚强盾牌；"压轴重器"是首次亮相的16枚东风-41 核导弹，这些长度超过 20 米的"大胖墩"彰显了我国最先进最具有威慑力的大国长剑的重要地位，强大的战略火箭军为共和国筑起了坚不可摧的和平盾牌。

11 时 23 分许，当东风-41 核导弹驶过天安门城楼，以空警-2000 预警指挥机为领队机的空中梯队呼啸而来，飞抵天安门广场上空。江胜信翘首而望，只见八一飞行表演队的 8 架歼-10 护卫两翼，拉出 7 道彩烟，庆祝新中国成立 70 周年。

随后，空中预警指挥机梯队、海上巡逻机梯队、支援保障机梯队、有着轰-6N 远程战略轰炸机的轰炸机梯队、加受油机梯队、可随航母出击的舰载机梯队，包括隐形战机在内的歼击机梯队、装备新型武装直升机的陆航突击梯队等，以"米秒不差"的精确飞行，呈楔形、三角形、菱形等编队队形凌空飞过，接受党和祖国人民的检阅。

当雄伟的机群消失在北京的天际，一个清纯的童音如同天籁般响起：

"今天是你的生日，我的中国。清晨，我放飞一群白鸽……"

70 年风雨征程，人民共和国写就了沧桑巨变的史诗，人民军队谱下了勇往直前的辉煌篇章。

15 次国庆阅兵，是岁月的刻痕，是历史的聚焦，是人心的汇聚，还是中华民族意志热切而坚毅的长号！

"中国的昨天已经写在人类的史册上，中国的今天正在亿万人民手中创造，中国的明天必将更加美好。"

这穿透历史的声音，在走过天安门广场的全体受阅部队官兵的脑海中回响，在全国人民和全军官兵的心中激荡！

国庆阅兵中的女兵方队在阅兵村刻苦训练。

郑 蔚 摄

李敬忠：
澜沧江畔，神秘英雄
无惧毒贩枪口

"警察叔叔"，这大概是孩子最早认识的国家公务人员了，但您知道每年因公牺牲的公安民警有多少吗？

从 2010 年至 2016 年，全国因公牺牲的公安民警（含公安现役官兵）人数是 2893 人，平均每年牺牲 413 人，说他们"天天有牺牲"绝非夸张。

没有人生下来就是英雄。在和平年代，也没有一位母亲希望自己的儿子成为"烈士"。但在毒贩掏枪拔刀的瞬间，缉毒警毫不犹豫地扑了上去，究竟是什么让他们成为了英雄？

发源于唐古拉山东北坡的澜沧江，从中国地理的三级阶梯一路穿过横断山脉奔腾南下，在云南西双版纳州勐腊县出境后改名湄公河。甫一出境的湄公河东岸是老挝，西岸是缅甸，它是亚洲最重要的跨国水系，先是老挝与缅甸的界河，流淌 234 千米后又成为老挝与泰国的界河，之后再流入柬埔寨，将柬埔寨分为东西两部分，随后流经越南，最后从越南入海。

湄公河是中南半岛的一条生命之河，但它又因流过毒贩猖獗的金三角地区，所以被称为"罪恶之河"。

正因为如此，1982 年，云南省公安厅就组建了新中国第一支专业缉毒警察队伍，西双版纳傣族自治州公安局同步组建了缉毒队。

自成立以来，西双版纳州公安局禁毒支队和景洪市公安局禁毒大队就与毒贩展开了针锋相对的斗争。

2016 年 11 月 4 日，云南西双版纳州景洪市禁毒大队副大队长李敬忠在扑向毒贩时，身中两弹，血染大地……

"我们版纳州毒情的特点是毒源在外。"时任州公安局禁毒支队政委王爱宏说。版纳州与缅甸、老挝接壤，国境线长达 966.3 千米，有的村庄就紧挨着国境线，中、老、缅百姓自古通婚，要在这热带雨林里守住近千千米的"国门"，谈何容易！

版纳有的不仅是一位英雄，而是一个英雄的团队

勐滩河，是一条在版纳州出版的交通旅游图上都找不到名字的小河。它蜿蜒在版纳层层叠叠的大山里，时宽时窄，最窄处仅二三十米，最后注入奔流南去的澜沧江。

它唯一的不同寻常之处就是，它是中缅边界的一段界河。

为找到勐滩河上的简易渡口，就要先穿过景哈乡的一片橡胶林。只见河边立着版纳公安边防的告示牌："严禁非法越界耕种、砍伐、开矿、运输；严禁在界河进行捕捞、挖沙采石等生产作业活动"。

这所谓的"渡口"，其实就是一根麻绳跨河而过，绑在两岸的树上。对岸树下泊有一条小船，当地村民说，只要拉着绳索几分钟就可过河。

在李敬忠牺牲的"11·4"案件中，那个送毒的缅甸黑衣毒贩，就是从勐滩河非法越境的。

缉毒英雄李敬忠在射击训练中。　　　　　　　　　　　汤　静　摄

　　此处距景洪市区的直线距离其实并不远，只有 70 千米，但出了景洪市区就是山道，绕山而行到了景哈哈尼族乡，走盘山公路往南过戈牛村，再进入一大片橡胶林，就到了那天李敬忠他们抓捕毒贩的地方。

　　选择这里越境交易，就知道毒贩心机颇深，是经过了精心谋划的：地处大山深处，跟踪车辆极易被发现，警方又难以设伏。更重要的是，200 米外就是勐滩河，一有风吹草动毒贩就可越境潜逃。

　　毒贩唯一没想到的是，早在他们图谋不轨之时，他们就已经落入了景洪市公安局禁毒大队的视线：

　　10 月 30 日，嫌疑人岩某驾驶一辆蓝色越野车进入景哈乡，白天在附近村寨闲逛，晚上住进宾馆闭门不出。11 月 2 日，他驾车前往边境地区似乎在寻找隐蔽的交易地点。次日下午，又来到勐滩河边的橡胶林来回走动，像是在勘察地形。当晚 10 时，原来早就熄灯睡觉的他突然换装出行，来到一家烧烤摊前，点了几个烤串，不一会儿，一个开摩托的黑衣男子上前与其低声交谈，两人随即分手，黑衣男驾驶摩托车往边境地区遁去。因夜深人静，缉毒警不便跟踪，但专案组已基本可以确定：毒贩明天就有可能交易，而交易地点就在勐滩河边的橡胶林！

11月4日上午，14名缉毒警分乘3辆车先行赶往勐滩河边设伏。12时许，岩某果然驾车来到预定地点。监视哨报告，岩某将车原地掉头后并未熄火，而是摇下车窗，似乎在等人。抓捕组据此认定送货人即将出现，于是做好了迅速出击的准备。

果然，12时20分，前一晚露面的黑衣人提着两个旅行袋从简易渡口过了勐滩河，穿过橡胶林里的小道，上了岩某车的后座，然后摇起了车窗。

"上！"抓捕组认定毒贩正在交易，果断出击。李敬忠所在的1号指挥车从毒贩岩某驾驶的越野车的后方飞驶而来，越过岩某的越野车堵住他的正侧面，截断了毒贩的逃路，2号车紧跟着截停在毒贩车的后方。坐在1号车副驾驶座后面的李敬忠跳下车，直扑毒贩车辆。但凶狠狡猾的毒贩掏出了枪。只听一声枪响，坐在越野车后座的黑衣男隔着车窗向距离他们最近的李敬忠射出致命的一发子弹，子弹穿过玻璃击中了李敬忠的颈部，但李敬忠没有躲避，仍向前猛冲了3米，扑向毒车的后门，歹徒又开了第二枪，击中了李敬忠的手。李敬忠倒下了，倒在了他热爱的版纳大地上。

开枪的毒贩大某当场被擒，30 包毒品悉数缴获。第二天，在公安部、省公安厅的高度关注和缅甸警方的积极配合下，逃回缅境内的 3 名毒贩均落入法网，"11·4"特大武装贩毒案告破。

"公安部和省厅对敬忠的牺牲极为重视，派出专家到案件现场进行现场重建和复原，发现毒贩使用的制式手枪的第一发子弹在击中敬忠颈总动脉后，又击碎了他的颈椎。专家说，颈椎被击碎后，人有意识的时间不过几秒钟，通常人会立即倒地，但敬忠没有丝毫迟疑和踉跄，仍继续猛扑，这意志的坚强确实非同寻常。"州公安局党委副书记、常务副局长徐云说。

"敬忠这瞬间的壮举，还为身后的战友挡住了毒贩的视线和子弹。"与李敬忠一起抓捕毒贩的侦查中队长国箭赟说。

他身后的战友还有谁？

"一起扑向毒贩的，还有我们禁毒大队长李金海，他也在 1 号指挥车上，他们 4 个人同时跳下车扑向毒贩，但李敬忠距离毒贩的位置最近，也最危险。"

版纳百姓有的不仅是一位英雄，而是一个英雄的团队。

仅 2011 年以来，版纳警方就破获武装贩毒案件 39 起，李敬忠和他的战友们都知道，毒贩很可能有枪。但这没有让他们产生丝毫的犹豫和胆怯，他们义无反顾地扑向了毒贩。

徐云说，景洪市局禁毒大队连续多年缴毒量在全国名列前茅，仅 2016 年，他们缴获的冰毒片剂量占全国公安禁毒缴毒数的七分之一。

缉毒警的敬业和忠诚，真的是用热血写就的。

毒贩的 AK-47，扫向中方"水警 007"

李敬忠并不是西双版纳牺牲的第一位缉毒警，而是第四位。版纳州禁毒支队长李正涛说，这几十年来，西双版纳公安队伍中共有 4 名民警在缉毒抓捕中英勇牺牲。

版纳缉毒队成立之初，这里武装贩毒还并不多见。缉毒队第一批老队员、曾任州禁毒支队政委的朱远山告诉记者，1982 年州缉毒队成立时，上级提出的要求是"一年禁种、两年禁吸、三年禁贩"。当时，版纳的毒品种类以鸦片为主，吸毒群体主要在农村，多是旧社会留下来的老吸毒人员。旧社会边疆少数民族地区缺医少药，山民有个头疼脑热的，确实靠种植鸦片当药。政府发出禁毒的号令后，老乡都非常支持。那时有人从缅境外带了 20 千克鸦片回勐海县打洛乡的勐板寨，不敢带回自己家，就把鸦片藏在寨子边的竹棚里。生鸦片的气味很浓，结果被村民放养的猪拱了出来。村民报告民兵队长，民兵队长马上报告公安，然后自己开着拖拉机走了 20 多千米山路，把鸦片交到派出所。当时 20 多千米山路拖拉机要开 2 个多小时，政府也没有物质奖励，公安就是口头表扬一下，村民们高高兴兴啃着自家带的芭蕉叶包的糯米团子就回家了。版纳各族老百姓对政府禁毒是非常拥护的。

版纳最早发现海洛因是在 1986 年至 1987 年间。1988年，州公安提出的缴毒目标是"万克万两"，"万克"是指海洛因，"万两"是指鸦片。1990 年，警方铲除了州境内最后一片种植的罂粟，那是一位猎人在勐腊乡的山里发现的。2015 年有关部门通过卫星遥感监测，发现边境地区有一块地疑似种植罂粟，公安边防立即翻山越岭前去勘查，结果发现那块地不在中国境内。

从 1990 年代起，毒品从乡村转移到了城区。到 2000 年，新型毒品取代了传统毒品，冰毒等新型毒品占了85%，鸦片、海洛因等传统毒品只占15%。警方发现，冰毒从境外贩到版纳，价格上涨了3倍；再从版纳偷运到湖北、广东，价格又要上涨5倍，对暴利的追逐让境内外的贩毒集团为之疯狂。针对公安边防在进出境关卡上的层层设防，境外贩毒集团甚至利用孕妇等特殊人群进行人体藏毒贩运，这类案件被警方破获多起。有多个贩毒人员因藏毒的避孕套破裂或一周之内无法将毒品排出体外，酿成死亡悲剧。

"版纳各级政府对禁种铲毒都十分重视，如果发现有非法种植罂粟的，党委、政府的一把手要承担责任。每年九十月份，中老缅泰四国要组织边境地区联合勘查。经过2005年以来4轮禁种铲毒，版纳州已连续十多年实现了'零种植、零加工'。"州禁毒支队副支队长杨应鹏说，"对境外贩毒集团打击更重大的，是我国从上世纪90年代起就与缅老泰政府合作推出的'替代种植工程'。由中国政府组织农业专家帮助金三角地区原来种植罂粟的农民改种橡胶、茶叶、水稻、柑橘等，联合国毒品和犯罪问题办公室称赞此举为'全球禁毒史上的创举'。"

中老缅泰政府联手反毒和替代种植，令境外贩毒集团十分恼怒。2008 年 2 月 25 日，按照中老缅泰警务联络机制，版纳州禁毒支队 5 位警官带领一位农业专家乘"水警 007"小艇，出澜沧江进湄公河前往金三角。当小艇在一个名叫"老余哥"的河段减速过浅滩时，突遭贩毒集团设伏袭击。4 名歹徒乘坐高速快艇，迎面驶来，3 人用 AK-47 冲锋枪近距离对我小艇疯狂扫射。因我方是在境外执行公务，不能佩枪，以致无法还击，有三位民警各身中两弹。

"那次负伤的民警里有还在禁毒一线继续战斗的吗？"很多人关心禁毒支队的士气。

州禁毒支队政委王爱宏指了指一位身材精干的民警说："秦君兄就是那次被 AK-47 打中的，差点牺牲在湄公河上。"

真没想到这位平日里说话慢声细语、态度谦和的警官，竟差点也成了烈士！

秦君兄就是那天驾驶"水警 007"艇的船长，当小艇上的警灯被打碎时，他立即反应过来："有人袭击！"这时才听到枪响。因为歹徒开枪的位置距离他们太近了，这时子弹的速度比音速快。艇上的 6 个人立即卧倒，凭枪声可以判断来自缅甸一侧。但小艇几无可掩蔽之处，秦君兄试着侧立起一块厚一点的跳板，以阻挡子弹，但一颗子弹已经打中他。弹头从他的肝脏和肾脏之间翻滚着穿过，再从他腰部飞出去时又撕出碗大一个伤口。

"被 AK-47 子弹打中是什么感觉？"

"最初没有觉得疼，因为弹头很烫，只觉得子弹打进去的地方一热，人马上就眼一黑，真的是眼冒金星倒下了。昏过去了可能有一分来钟，枪声又把我惊醒了。歹徒还在扫射，子弹又穿过玻璃钢船体打在我腿上，中了第二枪。这时腹部才开始剧痛。"

所幸的是，歹徒并不知道中国警察没有佩带武器，所以不敢靠近，狂射一通后开足马力逃走了。后来，警方现场勘察时在仅 6 米多长的"水警 007"船体上就找到了 26 个弹孔。

那时候，金三角有个武装贩毒团伙糯康集团气焰十分嚣张，作案手段异常残忍，很多人都在问："是糯康集团干的吗？"

"2012 年 5 月，中老警方抓获糯康后，他一直否认这是他策划的。但糯康的手下称，这是他们团伙的'杰作'，就是为了报复中方联合缅老泰军警铲除金三角种植的罂粟。我负伤后，失血 3000 多毫升，送到泰国清莱府医院。泰国医生说没有把握救活这个中国人，只能试试看，结果住院先后动了 4 次手术。贩毒集团还派人到医院来打听：这几个中国警察死没死？泰国警方闻讯大吃一惊，于是派了很多警察 24 小时把守医院。"秦君兄说。

贩毒集团这么猖狂，秦君兄伤好后还敢驾船去湄公河吗？

"那必须去。2011 年'10•5'大案，13 名中国船员在泰国水域被糯康集团杀害，因为作案手段非常凶残，有的中国船员眼睛被剜去，有的舌头被割掉，湄公河上很多中国运输船都不敢走了，船员到晚上都吓得不敢睡觉。按照公安部安排，是我们州公安局派出武装护航队，自己开船下去，把 165 名中国船员接回来的。要组织护航船队也不容易，版纳很多船长也吓得不敢开船了。湄公河还完全是条没有整治过的原始航道，浅滩暗礁特别多，完全靠船长的经验驾驶，我毕竟在湄公河上跑了十多年，我不去谁去？当我们的武装护航船队到那里，几十个惊魂未定的中国船员看到咱们的五星红旗,看到咱们中国的警察都哭了。"

多年前上映的电影《湄公河行动》，原来并非空穴来风。湄公河上的缉毒与贩毒的生死搏斗，就是如此惊心动魄！

新的毒情，年轻人你们要警惕啊

毒品是世界性公害。

据联合国禁毒署提供的数据，全球约有 2.75 亿人至少使用过一次毒品，其中近 3100 万人为吸毒成瘾者。毒品的年交易额为 8000 亿至 1 万亿美元，相当于世界贸易总额的 13%，高于全球食品和教育事业总投资，以及全球石油产品交易额，全球跨国有组织犯罪集团的收入中约五分之一至三分之一来自贩毒。2010 年至 2015 年，全球直接由吸毒造成的死亡人数增长了 60%。2015 年，全球约有 45 万人因吸毒死亡，其中近 16.8 万例与吸毒病症直接相关（主要是吸毒过量），其余 28.2 万人则死于因注射吸毒而感染的艾滋病和丙型肝炎。

为什么进入新世纪后，云南边境地区的新型毒品会取代传统毒品，冰毒等合成毒品占了绝大多数？

中国人民公安大学禁毒理论与政策研究中心主任李文君教授认为，全球毒品的种类、来源、贩卖渠道和渗透人群都在发生变化，国际毒品问题正处于加速扩散期。这新的毒情，给各国禁毒缉毒机构带来了新的挑战。

李文君强调："当前我国毒情形势正处于'传统毒品留尾、NPS露头，合成毒品正血雨腥风'的'三代毒品'交织复杂背景下，新精神活性物质（NPS）将成为全球流行的第三代毒品，强力冲击第一代传统毒品和第二代合成毒品。"

第一代毒品被称作是传统毒品，主要是从植物（如罂粟、大麻、古柯等）中提取获得。植物的某一部分可直接吸食、饮用，或提取分离含量较高的有效毒品成分。常见的传统毒品有鸦片类、大麻类、古柯类等。而从天然种植的罂粟中提取吗啡后可以进一步人工合成新的毒品，最为典型的就是海洛因，虽为半合成毒品，但因由吗啡为原料而制得，所以仍归类于第一代毒品。

第二代毒品主要是人工合成毒品，它是以化学物质为原料，经化学合成反应加工而成。常见的合成毒品有：苯丙胺类兴奋剂（冰毒、摇头丸等），人工合成阿片类（杜冷丁、美沙酮等），致幻剂类（PCP、氯胺酮等），抑制剂类（巴比妥类、苯二氮卓类等）。合成冰毒主要有两种途径：一是用化学原料合成出冰毒产品；二是用麻黄草为原料提取麻黄碱，再经过化学反应加工成冰毒。第三代毒品被称为新精神活性物质，它是在联合国禁毒公约的管制之外，无论是以纯净物还是制剂的形式被滥用，都将给公共健康安全带来威胁的物质，它又被称作"策划药物""新型合成毒品"等。

在各国政府的严厉打击下，第一代毒品正日落西山。首先是由于罂粟和大麻的种植周期较长，即使种植在人迹罕至的荒山野岭，在卫星遥感、航摄等现代侦查手段下，依然难以遁形，为执法部门铲除它提供了信息。

李文君认为，长期的禁毒反毒教育也起了作用，让人们增强了对第一代毒品的抗拒感。第一代毒品被称为"硬性毒品"，它对身体的伤害非常直接，比如长期注射海洛因的成瘾者常常骨瘦如柴、体无完肤、肌肉萎缩，戒断反应也十分强烈，一旦毒瘾发作，吸毒者遍地打滚、痛不欲生，甚至自杀自残。这些触目惊心的后果，让很多人认识了毒魔的恐怖面目。

"但合成毒品，不仅在制造上远比传统毒品容易得多，而且从药理作用来说，与传统毒品对人神经系统的作用正好相反：传统毒品具有抑制人体兴奋的镇静作用，让服用者沉醉；而合成毒品是让服用者亢奋，这正迎合了年轻人追求'嗨'的心态，因此更容易让青少年沾染这类毒品。"李文君说。

第二代毒品的迅速蔓延，除了制造快捷、成本走低的因素外，还因其具有相当大的欺骗性，让青少年误以为是一种"时尚"而误上毒船。李文君说："有的人轻信谣言，误认为冰毒有'减肥'作用；有的人认为在需要'灵感'刺激的时候吸毒，而不需要的时候可以轻易戒断；还有的甚至认为我国将大麻、冰毒列为毒品严加取缔是'没有自由'的表现。这些认识是完全错误的，首先是大大低估了毒品对人体的伤害。合成毒品同样会导致吸食者强烈的心理依赖，也就是我们通常所说的'心瘾'。实践证明，一旦吸毒，之后要摆脱毒魔纠缠的概率很低。而且它对人体神经系统的伤害同样是致命的。人在吸食冰毒后，会出现血压升高、心率加快、肾上腺素大量分泌，长期吸食对人的神经系统的伤害是终生的，目前已经出现了大量的吸食者精神分裂的案例。所以说，想通过冰毒'减肥'，实际上是在'减命'。"

第三代新精神活性物质日益翻新。2009 年以来，全球 110 个国家（地区）累计发现 9 大类 800 多种，在我国常见的有合成大麻素类、合成卡西酮类、色胺类等。

李文君说："警方已在缉毒中发现，一些合成毒品和'策划药'已被毒贩'伪装'成了食品、糖果、饮料、电子烟等各种样式，有的像'跳跳糖'，有的甚至加入奶茶里，有的标注为'聪明药'或'减肥药'，以降低青少年对毒品的戒备心理，让青少年不知不觉沾毒。这是非常危险的，是毒品在青少年群体中得以蔓延的重要原因。"

年轻人，你们一定要警惕啊！

缉毒警，你为什么最危险

当时和秦君兄在同一条艇上的，还有州禁毒支队情报调研大队副大队长柯占军。所幸的是，子弹穿过船体后打中了他的挎包，又穿过挎包击中了他裤兜里的手机，手机粉碎，人安然无恙，堪称幸运。

　　但幸运之神难以每次都眷顾出生入死的英雄。2012年 2 月 23 日，刚完成境外侦察任务的柯占军回到景洪，获悉支队要在城区对一个境外潜入的特大武装贩毒集团进行抓捕，就主动请缨参战。当晚 6 时，柯占军所在的抓捕组在市内一小区 6 楼与毒贩突然遭遇，他果断地扑上去控制歹徒，正与歹徒搏斗的时候，另一名躲在暗处的歹徒从他身后开枪，第一枪打中了他的胸部。被击倒的柯占军虽然已经没有力气站起来，但他仍扑过去紧紧抱住歹徒的腿不放，被他抱住的歹徒又对着他的太阳穴开了第二枪。这位年仅 30 岁的缉毒警，壮烈牺牲。

　　第二天，该案告破，14 名毒贩一人被当场击毙，13 人落网，缴获毒品 48 千克、军用枪一支、子弹 28 发。

　　也许所有的人都会问："为什么缉毒警这么危险？"

　　李正涛说："这是毒品案件的三大特点决定的。一是证据的收集和固定有时效性，人赃俱获，是警方最有效的破案方式；二是贩毒集团的歹徒知道按照中国的刑法，只要贩毒 50 克以上就可以判处 15 年以上的有期徒刑、无期徒刑、死缓，直到死刑。俗话说，'蚀本的生意没人做，杀头的生意有人做'。贩毒就是做'杀头生意'，所以他们是亡命之徒，会采用武装贩毒、暴力拒捕的方式；三是缉毒警的任务是侦查、抓捕一体化的，早晨出发时是化装侦查、交替跟踪，下午情况突变，毒贩要交货了，必须当场抓捕，缉毒警在大多数情况下不可能穿着防弹衣出击。"

西双版纳一年四季气温都这么高，即使是每年一二月份，当地人都穿短袖。就算憋得住热，穿着防弹衣也没法去便衣侦查。

"别说防弹衣，有时候我们连枪也不敢带在身上，因为是化装侦查，不能被歹徒发现。"朱远山说。

有一次，他们化装抓捕 2 名毒贩时，因担心暴露身份，手枪只能离身藏在车后挡板下。结果抓捕时，朱远山的右胸被毒贩刺了一刀，深及肺部，当即吐血。

"我们不愿穿防弹衣还有一个原因，"秦君兄说，"我们是去抓毒贩的，一件防弹衣有十五六斤重，穿着这么重的防弹衣还追得上毒贩吗？"

不知道哪家工厂能为他们生产既轻便又能防弹，还能防刺的防弹衣？

而贩毒团伙的武器装备却越来越"军用化"，朱远山就遇上过毒贩扔手榴弹的，幸亏歹徒惊慌中忘了拉弦。州禁毒支队侦查大队长裘鹰江在抓捕毒贩时，拉开毒贩车门的瞬间猛然发现毒贩竟然手持美军 M16 突击步枪，他毫不犹疑地扑上去，从毒贩手中夺下 M16，又一个擒拿格斗的抱摔，将比他高 5 厘米的毒贩摔到地上。抓获歹徒后，大家发现 M16 已上膛，弹匣里压满了子弹，也许裘鹰江慢一秒钟，就会出现重大伤亡。

"柯占军牺牲后，会不会影响我们禁毒支队的士气？"版纳州的群众普遍有这样的担心。

"裘鹰江就是柯占军牺牲后，坚决要求调进我们禁毒支队的。按当地的习俗，别人可能会有所忌讳，但他坚决要求就使用柯占军原来的办公室、原来的办公桌和原来的电脑。他说，正气就是一定要压倒邪气。"

这真的是英雄气概。

但荷马史诗中的英雄阿喀琉斯也有其"踵"，曾有媒体在采访时问现任州公安局技侦支队政委的朱远山："你们领导最怕的是什么？"

"我们不怕毒贩的凶残，我们最怕的就是战友牺牲后亲人们的眼泪。"他说，"平时朝夕相处的战友牺牲了，心里特别难过。人家把自己的儿子、把自己的丈夫交给组织,你没有保护好他,你怎么向人家白发苍苍的父母交代？你怎么安慰人家的妻儿？上次敬忠的追悼会上，他3岁的儿子还不知道爸爸牺牲了，说'爸爸睡着了'。我们还在开追悼会，孩子玩累了就睡着了。他儿子才这么点大啊，我们看着心里都难过！"他不忍再说下去了。

"这个世界上最好最好的好人，叫英雄"

李敬忠的妻子小刀是位腼腆娇小的女子。

这套景洪市区的两室一厅的房子，是他俩2010年结婚前买的，2700元一平方米，到现在还没有还清房贷。客厅装修简洁，李敬忠遗像下，摆放着他生前和家人仅有的几张生活照。

"去年10月28日，是儿子3岁生日，我和敬忠说好要去照相馆拍张全家福。可那天他手上有案子放不下，回来晚了，全家福都没拍成。我们就约好，到周末再去拍，没想到，结果都没有等到周末。"小刀黯然说道。

李敬忠平时工作这么忙，对公安工作的流程和挑战几乎一无所知的妻子，能理解丈夫的敬业和付出吗？

　　"我开始也抱怨过的,结婚后总想过和大家一样的正常生活啊。虽然平时家里的事他都听我的,但只要队里电话一来,家里无论什么事,他放下就走。开始我也很不高兴,有时要埋怨几句。但有一次,因为我的事,耽误了他去队里集合的时间,没赶上执行任务。那天他回来以后,就特别失落,坐在那里什么话也不说,一个人生闷气。我就很自责,从此他再忙我也不埋怨了。"小刀坦诚地说。

　　李敬忠很小就失去了生父,少年时家境艰难。他母亲是个特别要强的人,那时,有亲友让他们去吃饭时,母亲总是事先关照敬忠和他姐姐说,你们吃饭时不要一直坐在饭桌边,夹点菜就到边上去吃。那时,再好的亲友家也不宽裕啊。

　　也许正是生活的艰难和秉性的要强,李敬忠十一二岁就下决心要当一名警察。

　　妻子小刀过去知道丈夫当缉毒警的危险吗?

　　"我开始确实不知道有那么大的危险,敬忠总是对我说,不会有生命危险的。我们结婚前,他的领导还为他把关,专门来找我谈过,我说缉毒警这个职业很神圣的,我支持他。因为毒品害了很多人,你们缉毒可以挽救很多家庭和孩子。"

李敬忠的家境很普通，工作又危险，小刀选择他，最看重他的是什么呢？

"他最打动我的是他的责任感，"小刀说，"他除了工作，从来不出去喝酒唱歌，一有时间就在家里，或者陪伴我们双方的父母，他对老人特别孝顺。说实话，我们结婚的时候都没有钱，只能攒一个月钱，买一件家用电器。他又忙，连买结婚对戒的时间都没有，戒指还是我一个人去买的，买了他也没有戴过几回。这两年我们单位的人都时兴去泰国旅游，我就和敬忠说，咱们也去泰国玩吧。他说，以后有空再去吧。"

就连婚戒都是未婚妻一个人去买的，如此求婚，在内地别的城市里，怕是难以"成功"的吧。

这样的敬忠，小刀会觉得丈夫亏欠她吗？

"不亏欠，他很爱我。和敬忠生活在一起，我觉得从他身上学到了很多东西。"小刀由衷地说。

真是个朴实如水又知书达理的傣家女儿啊。

真心相爱的人总是彼此精神滋养。这样的家庭，走出来的男人即使不是伟丈夫，至少也是真汉子。

李敬忠3岁的儿子，至今仍不知道自己的父亲已经牺牲了。李敬忠的追悼会后，孩子问父亲的同事："你们都回来了，我爸爸怎么不回来？"

"我现在对孩子说，你爸爸到很远的地方去抓坏人了，"小刀说，"儿子很爱他爸爸，有时会用玩具电话给他爸爸打电话：'爸爸，你快回来吧。'我担心的是，下半年他要上幼儿园了,要是小朋友和他说起他爸爸牺牲了，我怎么办？"小刀很纠结。

因为李敬忠为抓捕毒贩而英勇牺牲的事，在景洪已几乎家喻户晓。

客厅里，李敬忠的遗像前，只有不多的几幅李敬忠的生活照。"他的工作，不让多照生活照。"小刀还是遗憾地说。

这让人想起电视剧《破冰行动》里面有句台词：我们这儿谁干缉毒警，毒贩也都知道。

这不仅是为了缉毒警自身的安危，也是为了缉毒警家人的安危。

州禁毒支队政委王爱宏不止一次拒绝媒体要求提供缉毒干警抓捕毒贩的现场照片，他总是虽有歉意而又不容商量地说："敬忠同志的照片我们可以提供，其他还在一线执行缉毒任务的干警的照片，我们一概不能提供。"

能公开见报的缉毒警照片，要么他已调离岗位，要么他已经成为烈士。即使人正常退休了，也必须为他的"功绩"保密，以免怀恨在心的贩毒团伙报复他和他的家人。

所有人的心底都有最柔软的部分，渴望着所爱的人能够幸福。

景洪这座彩云之南的边陲小城，华灯齐放的时刻，游人如织，充满着傣乡的风情。走在街头，感觉城市安详、繁华而美好，又让人不由得想起这么一句话："哪有什么岁月静好，不过有人替你负重前行。"

王爱宏政委说："据不完全统计，我们支队自成立以来共抓获犯罪嫌疑人 1.2 万余名，缴获毒品 50 余吨、枪支 65 支、子弹 2000 余发。"

也许，不久后一个月圆的晚上，小刀会把儿子抱在怀里，柔声对他说：

"宝贝，这个世界上有一种最好最好的好人，可能是你看不见的英雄……"

（注：因禁毒工作需要，绝大多数警官系化名）

麦贤得：

「初心」永在的钢铁战士

　　我军的"八一勋章"，是由中央军委决定、中央军委主席签发证书并颁授的军队最高荣誉。2017 年"八一"建军节前夕，也就是中国人民解放军建军 90 周年之际，中央军委首次颁授"八一勋章"。

　　"麦贤得同志是意志坚强、不怕牺牲的钢铁战士。"这是习主席签署的授勋命令中对原 91708 部队副队长麦贤得的评价，高度概括了麦贤得同志的卓越战功。

　　2019 年 9 月 17 日，国家主席习近平签署主席令，在庆祝中华人民共和国成立 70 周年之际授予麦贤得"人民英雄"国家荣誉称号。

那场新中国成立以来歼敌最多、战果最大、影响最为深远的著名海战，发生在 1965 年 8 月。海战的硝烟早已散去，但南海波涛依旧，国家和人民没有忘记为保家卫国流血牺牲的英雄。

"今天，总书记亲自给我们授勋，我很感动。我们要始终牢记党和人民的重托，紧密团结在以习近平同志为核心的党中央周围，忠诚担当、砥砺前行，用热血和生命守卫万里海疆。"2019 年 9 月 29 日上午，国家主席习近平在人民大会堂向国家荣誉获得者颁授奖后，麦贤得激动地说。

我 4 艘护卫艇火力，还不抵"章江舰"

时任南海舰队汕头水警区副司令，后来担任人民海军副司令员的孔照年回忆说，1965 年"八六"海战的作战命令，实际是在 8 月 5 日晚上下达的，下达到位于汕头水警区的南海舰队护卫艇第 41 大队的准确时间是 5 日晚上 8 时 10 分。

早在接到战斗命令前，麦贤得内心就一直期盼着能出

麦贤得与官兵共话党的十九大。

陈 健摄

海执行战斗任务。

那时，大陆沿海渔民常受国民党海空军的欺凌袭扰。广东汕头一带渔民出海打渔，曾多次被美制蒋舰绑架，为的是从渔民口中获取我沿海驻军情况。美制蒋机还轰炸扫射大陆渔船，麦贤得一位从小一起长大的伙伴也被炸伤。

因此，当 8 月 5 日早晨 6 时 10 分，南海舰队司令吴瑞林接到雷达兵报告：美制蒋舰"剑门号"和"章江号"溜出台湾左营港，正向我南海渔场窜犯，这位将军在上报总参、海军和广州军区司令部的同时，就向汕头水警区下达了作战命令："……命令你部，立即组成海上作战指挥部，指挥员由你部副司令员孔照年担任，兵力由你部护卫艇大队、高速护卫艇、某鱼雷快艇大队组成，由你部统一指挥。"

作战参谋有些犹豫地说："司令，这作战命令是不是待总参批准后下达……"

吴瑞林不容置疑地说："战机，一失千里啊！赶紧发！"

那天，正赶上麦贤得所在的 611 艇"补休加餐"。此前，他们受命前去厦门接收了新列装的 611 艇，"八一"建军节是在海上过的。新的 611 艇航速比原来 527 艇的 28 节还要快，最高可以达到32 节。为了防止战情泄密，5 日白天，汕头水警区该休假还是休假，聚餐后战士可上岸。直到最后一刻，战斗命令才下达到护卫艇大队。

"那天晚上我还陪战友去相亲了。"当年麦贤得的班长黄汝省如今已至耄耋之年，他回忆说，"但我们请假时，每个人都要登记清楚去哪里。所以我和战友刚到老乡家坐下，茶刚沏上，还没端起喝，相亲的话一句都没有来得及说，水警区的同志就敲响门了：'紧急集合。'我和战友二话不说，立马放下茶碗就跑步回了码头。"

"麦贤得这天请假上岸了吗？"

"没有，他在艇上。等我跑步回到码头，他已经把611 艇的油和水都加满了。"黄汝省满意之情溢于言表，"麦贤得是 1963 年 12 月入伍的。他是渔民出身，一般的风浪他都不晕船，特别能扛，平时出海执行任务他一个人能顶两三个人用。他的个性是又刻苦又要强，还特别仔细。部队刚开始练'夜老虎'本领时，他还是新兵，领导没把他列入训练对象。但他主动要求参加，自己弄了副墨镜戴上，休息天就在机舱里从头到尾摸啊摸。没想到，这'夜老虎'

本领在'八六'海战中真帮上了他。"

当时部队内部实行老兵带新兵的"一帮一、一对红"，麦贤得的"一对红"是才上艇四五个月的彭德才。彭德才是湖北人，如今身体还很硬朗，他说："刚上艇，我晕得厉害。别看麦贤得平时对我'传帮带'挺严，但一出海，我就晕得躺倒了，他看我晕船都代我值班。"

这晚，护卫艇大队艇一离码头，航速就上了最高速的"前进三"，激起一道道白色的尾迹。

"我没有经验，还在奇怪怎么今晚没出港就这么快呢？"彭德才说，"通常都是出了港才加速到'前进三'的，还是老麦有经验。他说，看来今晚真能干上了！"

彭德才不知道的是，最初下达的作战命令里，没有他们611艇。早先在大队作战室，611艇艇长崔福俊听到的命令是：598艇为编队指挥艇，编号为1号艇；601艇为2号艇；558艇为3号艇。崔福俊立马急了："报告大队长，611艇请战！"

大队长贾廷宽担心611艇既是新艇，人手又没配齐。崔福俊求战心切，据理力争。水警区副司令孔照年当即批准了611艇的请战要求，将它编为4号艇。

当晚，我海军出击的编队由护卫艇大队和某鱼雷快艇大队组成。通常，我海军把 500 吨以上的水面舰艇称为"舰"，而 500 吨以下的水面舰艇称为"艇"。当年的护卫艇，与我海军今天的护卫舰差距甚远。如今的护卫舰，无论是 054 型还是 056 型都有几千吨，不仅有现代化的舰炮、鱼雷和防空、反舰导弹，还可以搭载或起降直升机。"而我们当时的护卫艇，说是 100 吨，实际上还差了点。火炮呢，前后甲板只有人工击发的双管 37 毫米火炮各一门，左右各有一门 25 毫米的中炮。"

而美制蒋舰"章江号"排水量是 450 吨，舰上有 76.2 毫米炮 1 门、40 毫米炮 1 门、25 毫米炮 5 门、76.2 火箭 1 座、深水炸弹投射器 4 座。另一艘美制蒋舰"剑门号"，总排水量是 1250 吨，有 76.2 毫米火炮 2 门、40 毫米炮 2 门。我军 4 艘快艇的火炮加起来尚不及"章江号"一艘。正因为敌我力量对比悬殊，蒋舰倚仗着火力优势胆大妄为，猖狂来犯。

3 小时鏖战，重伤仍坚守战位

8月6日0时31分，我护卫艇作战编队抵达福建东山岛以东海域。

0时42分，敌"剑门号""章江号"在距我编队3.8海里外，倚仗着大炮射程远的优势，向我护卫艇编队开炮。

孔照年命令大队长贾廷宽："右满舵，包抄前进，切断敌舰退路！"

敌舰的优势是火力和吨位，而我方的优势是航速和战斗意志。"章江号"和"剑门号"的航速分别是20节、18节。我编队以30节左右的高速，迎着炮火直扑而去，以快制慢，很快将两艘敌舰分割开。

原本就在后面的敌旗舰"剑门号"见势不妙，撇下它的僚舰"章江号"加速向外海逃去。虽然我军原计划是"先打大舰，再打小舰"，但既然"章江号"已被我编队围上了，孔照年就下令集中火力先把它打沉。

4艘护卫艇对着"章江号"火力全开，但护卫艇的37炮、25炮只能摧毁敌舰的上部设施、杀伤人员，靠这些小口径火炮打沉一艘数百吨的战舰尚无先例。孔照年命令各艇集中火力攻击"章江号"的指挥台、舰炮，以及船体的水线位置，先把敌舰的指挥系统和火力系统打烂打瘫，摧毁其作战决心。

"我们离'章江号'最近的时候，都能通过爆炸的火光看到敌舰上四处逃窜的水兵。"孔照年说。

激战中，611 艇发挥近战优势，最近时距离"章江号"仅二三十米，手榴弹跟着炮弹砸了上去。"章江号"见势不妙，狗急跳墙，突然掉头加速向 611 艇撞来，企图凭借5 倍于我艇的吨位撞沉 611 艇。

艇长崔福俊急令："左满舵！"611 艇与"章江号"擦肩而过！

但正因为紧急避让，611 艇的主机不得不在高速运行时突然停车再倒车，4 台主机中有 2 台停机了。正在前舱的轮机班长黄汝省立即命令麦贤得去后机舱抢修排故。

麦贤得刚钻过一个 40 厘米宽、60 厘米高的舱洞进入后机舱，突然连着"轰！轰！轰"三声爆炸，"章江号"的 3 发 40 炮弹打中了 611 艇！一发击中了驾驶台，还有2 发穿过 611 艇的船体分别在前后机舱爆炸，麦贤得和仍在前机舱的黄汝省都中弹倒下了。

611 艇顿时减速，副指导员周桂全赶来后机舱察看，抱起倒在血泊中的麦贤得，发现他前额被炸开了大口子。这时，麦贤得嘴里已经发不出声音，身体却似乎要用劲站立起来，但又站不起身。他用右手推着周桂全，左手指着停转的主机，好像是要去修复机器。周桂全忙给麦贤得包扎好伤口，将他轻轻放在艇板上，还给他盖上一件军衣。

正在驾驶台上指挥战斗的艇长崔福俊正为护卫艇连中3 弹而着急，突然发现，611 艇又开始加速了！它像勇敢的海燕，迎着炮火奋飞。

凌晨 3 时 33 分，在我护卫艇编队连续 6 次的突击形成的密集炮火中，"章江号"接连 2 次爆炸，沉没于东山岛东南海面约 24.7 海里处。

"我们的火炮口径小，硬是在'章江号'舰体的水线上下凿了无数个窟窿，直接打中了它的弹药库引发了爆炸，终于把它送进海底了。"彭德才说。

这时，艇长崔福俊才得以走下后机舱，察看战友伤情。此前，周桂全向他报告说麦贤得受伤后躺在后机舱的艇板上，奇怪了，人怎么不见了？

他钻过舱洞，来到前机舱，见重伤的黄汝省倒在一台主机旁，当他用手电筒向另一台主机的操纵台照去，只见一个头部几乎被鲜血裹住的人整个身子压住波箱，双手握住杠杆，一动不动——重伤的麦贤得还坚守在他的战位上！

611 艇前后机舱中弹的时间大约是 2 时 10 分。麦贤得前额被炮弹打出碗大个口子后，鲜血蒙面，靠着平时练就的"夜老虎"功夫，竟然钻过常人都难以穿过的舱洞，完全靠记忆和摸索维修主机和设备，一直坚持到最后的胜利！

彭德才说："我也是打过这仗才明白，为什么部队要苦练'夜老虎'本领。刚开始那会儿，我还是新兵，我也不明白，不是所有的轮机舱都有灯，即使灯打灭了我不是还有手电筒吗？不可能是在完全没有照明条件的情况下打仗的啊！但是，看到麦贤得受伤后鲜血裹头的情况我才明白，这'夜老虎'本领不是为没有照明条件而练的，是为你眼睛发生'故障'后、看不清周围情况还要继续作战而练的！"

周总理亲任抢救指挥小组组长

"剑门号"同样难逃覆亡命运。

眼见"章江号"被击沉，"剑门号"加速向外海逃去。5 时 10 分，我紧追不舍的护卫艇编队和鱼雷艇大队向它发起进攻。5 时 22 分，我军密集的弹雨和 3 枚鱼雷，将火光冲天的"剑门号"一举击沉，12 分钟就结束了战斗。

敌"剑门号"中校舰长王韫山及中校参谋黄致君等 28 人落水后，被人民海军捞起后当了俘虏。

这是我人民海军以小打大、以弱胜强、不怕牺牲、敢打硬仗的成功范例！

这一胜利也是人民海军用流血牺牲换来的。611 艇、601 艇各有 2 人壮烈牺牲，611 艇的轮机班有 3 人重伤，他们是麦贤得、黄汝省和彭德才。

2018 年"八一"建军节前夕，曾有记者采访和麦贤得几乎同时被炸晕过去的黄汝省："有的材料说您老受伤 36 处，还有的说您老受伤 72 处，您老的伤情到底是多少？"

黄老笑答："我身上受伤总共 72 处，有 36 个弹片，取出了 35 个。""怎么还有一个没取呢？""医生说最后一个弹片很小，对我健康没有什么影响，就留在那里做个纪念吧。"黄老指着自己的左脸颊说。

而之前一出海就晕船的彭德才，他的渴望战斗的心情充分体现在真的上战场后，炮声一响他立刻就不晕船了，这一现象他至今也解释不了。战斗打响后，他主动要求到甲板上去搬运炮弹。艇长批准后，他飞奔到后主炮战位。

看到护卫艇大队追着"章江号"猛射，条条火龙撵着边逃边顽抗的"章江号"时，他激动得边为 37 炮装弹匣，边为战友们鼓劲："打沉它！打沉它！"不料，一发 40 炮弹在后主炮上方炸开，"我觉得就像被一股巨大无比的力量推了一把，瞬间就什么都不知道了。"彭老说。

611 艇返回码头后，战友曾以为满身是血的彭德才牺牲了，为他盖上了白布。一位战友不忍心与他道别，掀开白布久久凝视着他，忽然看到彭德才动了一下，惊喜地大叫："活的！活的！赶快抢救！"

此后几十年，彭德才一直在寻找那位将他从"牺牲"边缘救回来的战友，却毫无线索。直到 2013 年，也就是48 年后，才得知当年发现他还活着的人是护卫艇大队长贾廷宽。

1966年2月，新华社发布消息：《国防部命令授予麦贤得战斗英雄称号》。

"重伤的英雄有好几位，为什么'战斗英雄'的称号授予了麦贤得？"广东省委党史研究室副编审王国梁曾写下50多万字的麦贤得人生纪实《沧海英雄》，为此曾先后采访了130多位麦贤得的战友、亲人和救护他的医护人员。他说，"因为麦贤得身上'硬骨头精神'体现得最充分、最典型。"

他说，当年两次为麦贤得动脑手术的广州军区总医院刘明铎教授，曾给他看过麦贤得伤后的照片，额门右侧有一个碗口大小的洞，当时伤口尚未缝合，脑脊液外溢，弹片从此进入；还有一张照片是头颅颞骨窗洞的照片，因为弹片太深，只能从颞骨开窗取弹片。两个洞从开到缝合，历经252天。取出弹片后，2个骨窗镶进两块有机玻璃，然后再把头皮缝起来。

半个多世纪过去，依然能隐约看出麦老额门上皮下镶嵌的有机玻璃。

不仅伤得最重，更重要的是，麦贤得还坚持战斗。鲜血遮住了双眼，他居然能凭着平时练出来的"夜老虎"本领在几十条管道、千百颗螺丝里，检查出一颗拇指大的被震松的油阀螺丝，还能找到扳手，用力拧紧，一直坚持到胜利。这无论是战斗意志，还是军事技能，都堪称中国军人的典范！

"油阀螺丝有多重要？"外行只能请教麦贤得的老班长黄汝省。

"简单地说，油阀螺丝松掉了，主机就难以启动。"黄老说。

战斗结束后，麦贤得在汕头地区医院抢救了8天8夜。第3次手术进行了18个小时，输了2000毫升血，但弹片没有找到，医护人员尽了最大的努力，手术还是失败了！

为抢救麦贤得等英雄，中央成立了抢救指挥小组，周总理亲任抢救指挥小组组长。周总理叮嘱说："我们一定要千方百计把他救活，使他早日恢复健康。"

8月15日，一架直升机将麦贤得、黄汝省和彭德才从汕头送到广州。上直升机前，护卫艇大队副政委刘敏宣布："我代表组织，宣布命令，根据你们在'八六'海战中的出色表现，党组织批准你们火线入党！"

从此，他们3人都将每年的8月6日作为自己的生日。

麦贤得他们在广州军区总医院受到了医护人员的精心治疗。

董必武、贺龙、叶剑英、陶铸等党和国家领导人先后前往医院看望麦贤得。叶剑英还拉起麦贤得的右手说："毛主席要我们告诉你，要安心把伤养好。"

1966年8月20日，经过广州军区总医院一年零五天的精心治疗，麦贤得终于伤愈出院了。

"不能亏待英雄，我要让他有个家"

"八六"海战过去半个多世纪了。这半个多世纪来，历任党和国家最高领导人都先后接见过麦贤得。

但千万不要以为麦贤得从此就可以万事如意地生活在英雄的光环里了。

在广州部队总医院抢救他的过程中，麦贤得同样体现出了"硬骨头精神"。虽然经过4次脑手术，取出了留存在他颅内的弹片，他的健康状况、记忆力和思维能力逐渐恢复和增强，但因脑部外伤型疤纹形成及异物刺激，又给他留下了机械性癫痫这一后遗症。而癫痫这个后遗症，却不以他的意志为转移。受脑伤影响，麦贤得的语言表达能力终究不及常人。

1967 年 12 月 3 日晚上，毛主席在人民大会堂接见了4000 多名海军代表后，又单独接见了麦贤得。摄影师拍下了毛主席亲切地握着麦贤得手的照片。但随着"文革"的爆发，麦贤得被批斗，不公正的遭遇，窝火、憋屈和愤怒，刺激了癫痫病频频发作。

幸亏海军首长非常信任和理解麦贤得，制止了对他的批斗，将他送进了山沟里"避险"，还觉得从长远考虑，应当给麦贤得找一位贤妻照顾他。此前，也确有不少姑娘仰慕英雄的名声而来，但见到他真实的身体状况后，都悄悄走了。

麦贤得的妻子李玉枝正是在他人生最低潮、最痛苦时走近麦贤得的。当年她 21 岁，是汕尾商业服务站副主任。当汕尾的赵书记建议她和一等伤残军人麦贤得"谈亲"时，她虽然回应说"要听我爸我妈的意见"，但心中已经生出对麦贤得的几分怜爱："他为了保家卫国受了这么重的伤，他应该能过上一个正常人的生活，不能为此亏待他啊！"

　　第一次见麦贤得，是组织安排的。时隔近半个世纪，李玉枝依然记得清清楚楚："部队安排我和几个女同志去军营看他打乒乓，让我们一人拿一张报纸，就说是地方同志来找材料的。我见他身材高高的，浓眉大眼，皮肤白净，乒乓打得也不错，要不是他为国家受了这么重的伤，他这样的人品相貌，还用组织帮他张罗对象吗？"

　　李玉枝的父母在旧社会都是孤儿，在新中国成立后才结婚成了家。赵书记一来提亲，"翻身感"强烈的父亲就一口答应了："要是没有国家，哪有我们的今天啊？行！"

　　部队首长很感动，曾主动问李玉枝的父母："你们女方家庭有什么困难和要求，尽管提出来，我们能解决的尽量解决。"

　　李玉枝的父亲只有一句话："我们没有任何要求。"

　　1972 年 6 月 1 日，没有鲜花，没有贴"红双喜"字，没有布置新房，李玉枝就这样走进了麦贤得的生活。

　　但婚后生活的不易显然超出了她的想象。此前，她没有见过癫痫病人发作时痛苦的模样。两人还在蜜月里，这后遗症就发作了。发作时，病人脾气暴躁，李玉枝手臂上经常青一块紫一块的。为了避人议论，天再热，李玉枝也不得不穿上长袖衣衫。但病发作之后，麦贤得就会特别痛苦和内疚，一次次向李玉枝道歉，他也恨自己得了这个外伤引起的机械性癫痫病。

后来，他俩有了一儿一女。麦贤得很爱孩子，但他这后遗症就怕生气激动，一生气激动，就容易简单粗暴，孩子接受不了。最让李玉枝感到伤心的是，有一段时间，读小学的儿子经常被学校有的同学嘲笑。孩子受不了，曾回家质问她："妈妈，你们是自愿结婚的吗？你为啥不离婚？"

李玉枝就反复和孩子沟通，让他们了解麦贤得的英雄事迹，理解他们的父亲是爱党爱国爱家也爱他们的。

麦贤得生性耿直，为人处事的标准始终是"大公无私"。遇上有的乡邻做了不讲公德的事，他就要以"这是为公，还是为私"为标准去评个理。如此"见义勇为"，让他在日常生活中时屡屡"得罪"乡邻。而这一切，又必须由李玉枝去向乡邻沟通。

后来，她发现麦贤得喜欢花草，饲养小动物，就在自家"小翠园"里种上各种花草，喂上金鱼和小兔子，尽力营造温馨和谐的家庭氛围。她又发现麦贤得对书法有兴趣，就买来笔墨纸砚，让麦贤得学习书法。如今，麦贤得已写得一手好字。

　　尤其不易的是，在李玉枝的精心照护下，麦贤得的机械性癫痫已从最初的一周发病一次，延长到一个月发病一次，再到几个月发病一次、半年发病一次，甚至一年发病一次，如今已有近 20 年没有发病了。了解麦贤得当年病情的医护人员，无不认为善良、坚韧而又大气的李玉枝创造了当代医学护理史上的奇迹！

　　2015 年，李玉枝获得了"第五届全国道德模范"的称号。"我觉得我的一生很幸福，"李玉枝说，"现在三代同堂，儿子女儿有出息，孙辈聪明可爱，很幸福。"

　　40 多年来，麦贤得对李玉枝的感情也起了变化，从最初的接受、满意到喜爱，再到如今的深深依恋。一天见不到她人，他就到处找。

　　如今已退休多年的麦贤得，心中依然牵挂公益事业。他省吃俭用，为母校洪北小学创建了"英雄图书馆"，每年暑假都会定期为小学生进行爱国主义教育。

　　2019 年 10 月 1 日上午，"人民英雄"、"八一勋章"获得者麦贤得参加了新中国成立 70 周年庆典。在天安门城楼上，他望着我人民海军新型舰艇／潜舰导弹、岸舰导

麦贤得获得"八一勋章"后与官兵共享荣光。

陈 健摄

弹、舰载防空武器等方队昂首走来，回想起当年"八六"海战时我护卫艇吨位尚不足百吨，感慨万千，他说："今天强大的人民海军，一定能保卫祖国神圣的海疆，祖国的神圣领土一寸都不能丢。"

国庆 70 周年庆典结束，他和夫人李玉枝回到了广东。很多老战友、老部下前来看望他，分享他参加国庆大典的喜悦和见闻。有老战友请麦老题字。他想了想，认认真真、一笔一画地写下了"不忘初心"4 个大字。

不忘初心。麦英雄，您是"初心"永在的钢铁战士！

海军亚丁湾护航：
十年护航 6600 余艘船

"中国海军，我是'天裕 8 号'，你在哪里？"海口舰的甚高频中，传来一声声急切的呼喊。

"我是中国海军，正在向你接近，请放心！"

2009 年 2 月 9 日上午，我海军首批亚丁湾护航编队中的海口舰正前去接护被索马里海盗劫持 88 天后获释的"天裕 8 号"渔船。船上已被洗劫一空。那天正是中国的元宵节。"天裕 8 号"驾驶台前挂出了两块标语："感谢祖国，祖国万岁！""感谢中国海军，你们辛苦了！"

不知死，焉知生？曾被海盗用枪指着，更知祖国必须强大！

2008年11月14日，天津远洋渔业公司的"天裕8号"在肯尼亚海域被海盗劫持；12月17日，上海振华港机的"振华4号"在亚丁湾遭海盗侵袭，海盗一度占领甲板，所幸被机智勇敢的船员击退。

3天后，中国政府宣布，根据联合国安理会有关决议并参照有关国家做法，决定派海军舰艇赴亚丁湾、索马里海域实施护航。

6天后，我南海舰队导弹驱逐舰武汉舰、海口舰和综合补给舰微山湖舰，从三亚某军港鸣笛启航，对深蓝的大洋宣示：中国海军来了！

2018年12月，也就是中国海军前往亚丁湾、索马里海域实施护航10年后，我第31批护航编队的两栖船坞登陆舰昆仑山舰、导弹护卫舰许昌舰和综合补给舰骆马湖舰，在亚丁湾海域继续遂行祖国赋予的神圣使命。

亚丁湾、索马里海域护航是人民海军成立以来历时最长、规模最大、出动兵力最多的海外兵力行动，是中国继600多年前郑和下西洋之后走向远海的一次重大实践，是新时期维护国家经济安全、担负国际义务的重要战略举措。

中国海军宣布，截至2018年12月，海军先后派出

31 批护航编队、100 艘次舰艇、67 架舰载直升机、26000 余名官兵，执行护航任务 1198 批次，安全护送了 6600 余艘中外船舶，成功解救、接护和救助了 70 余艘遇险中外船舶，抓捕了 3 名海盗，确保了被护船舶和编队自身绝对安全。护航编队还先后圆满完成了利比亚和也门撤侨、叙利亚化学武器海运护航等任务，全面提升了海军遂行多样化军事任务能力。

剑指深蓝，以快制快驱离"群狼"

亚丁湾，是远洋轮自地中海穿过苏伊士运河、红海、曼德海峡进入印度洋的必经之地，连接着大西洋和印度洋，因而是世界上最繁忙的海峡之一。每年，这里有 2 万多艘各国船只通过。

10 多年前，亚丁湾的海盗相当猖獗。仅 2008 年，海盗侵袭事件就高达 293 起，严重威胁着各国船员和船舶的安危。海口舰舰长樊继功说，远洋轮如果不走苏伊士运河、亚丁湾，而绕道好望角，海上航线就要延长 4800 海里左右，航行时间则会增加 7 至 10 天，令运输成本大大增加。因此，即使明知亚丁湾、索马里海域常有海盗出没，船公司依然不会轻易放弃这条"黄金水道"，只是会提醒属下的船只途经此海域时严防海盗袭击。

亚丁湾海盗已成国际公害。2008 年，联合国先后通过 1816 号、1838 号、1846 号和 1851 号决议，呼吁并授权各成员国赴亚丁湾、索马里海域遂行护航。中国船员的生命安危、义不容辞的国际主义义务，召唤我人民海军不远万里、剑指深蓝！

经南中国海、过马六甲海峡，迎着孟加拉湾的巨浪，跨越印度洋，经过 11 个昼夜的连续航行，我首批护航舰队抵达亚丁湾，旋即投入首次护航行动。

那是 2009 年 1 月 6 日上午 11 时，在索马里海域预定的接护点，舰队开始对我国"河北翱翔号"、"晋河号"、"观音号"和"哈尼河号"实行伴随护航。武汉舰领衔在先，4 艘中国商船呈一路纵队跟进，海口舰随后侧卫，直升机凌空警戒。44 小时后，抵达约 600 海里外的解护点，首次护航圆满完成。

中国海军护航编队的到来，受到了中外船公司的欢迎。曾 2 次执行亚丁湾护航任务的海口舰副政委严冬说，在前 10 批护航编队实施伴随护航时，经常一个航次就会有 20~30 艘中外商船申请加入。整个护航编队行进时，可用浩浩荡荡来形容。即使船队以"2 路纵队"行驶，因每艘商船之间必须保持 1 海里以上的间隔，而每艘船的长度都超过 100 米，整个船队就可能有近 20 海里长，这增添了护航舰艇首尾相顾反海盗的风险和难度。更何况，每艘商船的航速和状态不同，随时有可能出现意外情况，必须随机处置。最极端的一次，是在护航途中有外轮提出"我船需修理主机"，主机需要修理对船舶来说也是突发情况，主机故障，不修不行；但修理时失去动力，在亚丁湾就更危险。于是，我护航舰队就用直升机机降特战队员，对该船实行随船护卫，直到它主机修复以后，动力恢复，驶入安全海域，再由直升机将特战队员接回护航舰只。

很多读者想知道："亚丁湾海盗作案有什么特点？"

樊继功舰长介绍说："海盗主要采用伪装隐蔽、突袭作案的方式，通常会以一艘母船带几艘、十几艘甚至几十艘小艇出海。在没有找到易下手的劫持对象时，海盗装作正常打渔的渔民；而一旦发现行驶速度较慢、船舷又较低易于攀爬的船只，就会采用群狼战术，以 40 节左右的高速进行围堵。商船满载时通常航速 10 节左右，如果既没有充分的反海盗预案，又没有舰艇护航，被劫持的危险性就很大。"

"天裕 8 号"的船员获救后说，被海盗劫持的那天，他们在肯尼亚海域打渔。因为有合法的手续，所以最初对驶来的快艇没有足够警惕，以为是当地的海警或缉私艇，等快艇靠近时发现对方不是军人，但为时已晚。

战争中，唯快不破。以快制快，方能制胜。即便是非战争军事行动的反海盗，亦如此。

快速反应的前提是时刻保持高度戒备状态,尽早发现，尽早预警，提前处置。自进入亚丁湾、索马里海域后，我护航舰队始终处于三级反海盗部署状态，通过舰载雷达、光电观测、激光夜视等装备，严密监测周围海域，对可疑船只保持高度警惕。

海盗通常单衣短裤光脚，与渔民无异，如何识别伪装的海盗船?

海盗非常狡猾，平时会把枪支藏在船舱里，必须要靠细致观察才能识别:因为大船船尾打出的浪比较大，正常情况下小渔船看到大船驶来，一般会主动避让，叫避浪，而海盗船则相反，它会迎着大船上去，寻机劫船；正常的渔船上一般必备渔网、水桶等打渔用具，而海盗船则备有攀爬商船的挂梯；海盗小艇使用的是高功率挂机，也有别于渔船相对较低的动力配置。

一经识别可疑船只有异常动向，舰长立即下令全舰提高警戒级别，进入二级反海盗部署，舰载直升机随即推出机库，随船的海军特战队员立即占领火力战位。

10年来，人民海军参加护航的每一艘舰艇的官兵都把出海当做出征，把护航当成战斗。首次护航的两艘战斗舰艇，就创下了124天连续航行不靠港的纪录，并探索出了破解海盗"群狼战术"等20多套战法，为后续护航提供了宝贵的经验。

我护航编队在亚丁湾波涛中犁开的航迹，就是中国海军转型发展的轨迹！

碧海雄鹰，旋翼风吹散海盗艇

"一部门备便！"

"二部门备便！"

备便，就是人员就位、设备开机，随时具备作战条件。

"全舰备便！"驾驶室里，传令兵向舰长报告。

"进入一级反海盗部署！"舰长下令。

一级反海盗部署下达，特战队狙击手和舰艇火力组立即就位，主炮、副炮做好射击准备。直升机甲板上，特战队员立即登机，地勤人员迅速撤除直升机的系留索和轮挡，地面指挥员举起绿牌，直升机旋翼卷起强风，旋即升空、后退、转向、增速前出，一气呵成。

直升机是护航编队不可或缺的反海盗利器。海盗小艇最高的航速可达 40~50 节，从发起攻击到劫持一艘商船，最快的速度只要一分半钟，因此护航舰队通常采用直升机或快艇将特战队员派出前往拦截海盗小艇。

2009 年 4 月 28 日深夜，我护航编队深圳舰护送一批商船时，发现海盗团伙纠集了 14 条母船和 44 条小艇，像狼群一样扑来。深圳舰立即采用发射信号弹、灯光照射等方式驱离，随舰的我南海舰队某舰载直升机团参谋长邵景山也驾机前出威慑，海盗见无机可乘，转向逃离。

这时，邵景山的耳机里，又传来舰队命令："后方某某海里，发现大批可疑目标，请你速去警戒驱离！"邵景

我海军陆战队队员在前往亚丁湾护航途中进行滑翔训练。　　钟魁润　摄

山一推油门总矩杆，直升机在空中灵活地转了个圈，向编队后方飞去。虽然是夜间，邵景山机组还是很快发现了正向商船冲击的几十艘海盗小艇。

"准备战斗！"邵景山边下达命令，边压下机头，朝最前面的小艇俯冲过去，300 米，200 米，100 米，50 米……"直升机注意安全！"耳机里传来编队首长焦急的声音。邵景山沉住气，将直升机横在小艇和商船之间，用旋翼卷起的狂风将聚集在一起的小艇吹散。直升机上的特战队员连连射出信号弹、爆震弹警告海盗，吓得海盗掉头逃窜。

亚丁湾的海况与我南海正相反：每年秋冬季，因东北季风南侵，南海风急浪高，而亚丁湾则海平如镜；每年春夏交替之时，南海的台风尚未开始形成，风平浪静，是出海最好的时机，而亚丁湾则狂风巨浪一刻不停。

气象条件恶劣，是直升机安全最大的挑战，更何况这么近距离地逼近武装的海盗，气势相当"硬核"。

"直升机在海上起降和在陆上起降有什么不同？"很多读者会问这个问题。

南航舰队某舰载直升机团飞行员刘挺松说："直升机

甲板都设在舰艇的尾部，降落时不仅要考虑舰体在海上的纵摇、横摇，还要面对舰艇尾部的乱流。现在，我们的舰体都有 100 多米长，即使纵摇 1 度，甲板就要上下 1 米。但即便是高海况，涌浪也是有周期性的，波浪起伏之中会有一个短暂的平衡期。有经验的直升机驾驶员会抓住这 10 来秒的时间，果断地把直升机降下去。"

曾 3 次参加护航任务的该团二大队队长陈景光豪气满怀地说："我们飞行员可以保证，只要海况允许直升机出机库，我们就能从舰上升空出击。"

此前，很多人以为亚丁湾一直碧海蓝天，哪晓得，在每年的季风季节，从非洲大陆吹来的沙粒，一天就会铺满甲板。直升机只要在甲板上停放的时间长一点，一摸旋翼上就是一层细沙。长期处于高温、高湿、高盐乃至高沙的环境下，保证包括直升机在内的所有武器装备的状态良好，对我舰艇官兵和舰载直升机部队，都是一项全新的挑战。

这 10 年来，我海军南海、北海、东海三大舰队的舰载直升机部队，都先后参与过亚丁湾护航任务。值得骄傲的是，舰载直升机部队都交出了近乎完美的答卷，圆满完成了护航任务。从命令下达到直升机出库、升空，所需时间已大大缩短，是名副其实的震慑、击退海盗的碧海雄鹰。

护航归来，沉淀在飞行员们心中最难忘的是什么？

刘挺松说起他在参加第 7 批护航时的一件往事。那是 2011 年 3 月 2 日，徐州舰突然接到上级命令："暂停护航，立刻前往利比亚护送华侨撤离。"舰艇全速前往利比亚班加西港口。他驾机提前 40 海里起飞，不久抵达中国政府为撤侨租用的希腊邮轮"韦尼泽洛斯号"上方。从空中俯瞰，远处硝烟四起，机场、港口关闭，班加西已呈战乱状态，只有我舰载直升机不停地在邮轮上方盘旋警戒。

"开始邮轮甲板上没有什么人，因为这些华人华侨刚刚被我大使馆派出的车辆接到船上，可以说是惊魂甫定。但很快他们看见了直升机上的'八一'军徽，很多人肯定没想到我们中国海军的直升机会赶去护卫他们。甲板上很快站满了人，所有的人都兴奋地向直升机挥手。这种特殊情境下的'老乡见老乡'，怎能不'两眼泪汪汪'！这一刻，我觉得学飞行以来所有的风险、付出，都值了。"

特战队员，踹开舱门抓获海盗

南海舰队衡阳舰副政委尚浩说，最令他难忘的，是在执行第 25 次护航任务时营救图瓦卢籍 "OS35" 货轮的战斗。

那是 2017 年 4 月 8 日晚上，导弹护卫舰玉林舰接到编队指挥舰衡阳舰的命令：前出救援被海盗劫持的 "OS35" 货轮。全舰立即进入一级反海盗部署，高速前往事发海域。

次日早晨 7 时，马书伟、李建楠、滕明杰机组升空前出，低空查证货轮，并为我海军陆战队某旅特战一连的特战队员提供空中警戒。他们发现，海盗母船已经逃走，"OS35" 右舷有海盗上下船的扶梯，而船的烟囱旁的舱壁已被海盗用汽油烧得焦黑。

时任玉林舰航海部门教导员的尚浩说，王可原本不是特战队员，当时是玉林舰副观通长。因为他英语娴熟，舰长令他担任特战队翻译。王可二话不说，戴上钢盔、穿上防弹衣就跟着特战队下艇出发了。特战队员分乘 2 艘快艇，在排长龚凯峰的带领下，分成两组登船。

中国海军第 25 批护航编队玉林舰武力营救商船 "OS35" 轮，特战队员
正快速登上商船展开营救行动。　　　　　　　　　　　　牛云海　摄

在直升机的掩护下，特战队员先占领制高点，然后队员之间交替掩护，不放过一个角落仔细搜索。货船的船舱众多，通道复杂，搜查的难度很大。查遍了所有舱室，都没有发现海盗的踪迹。但龚凯伟并未掉以轻心，当搜查到船上一艘救生艇时，发现情况有异，他猛地一脚踹开救生艇舱门，大喊一声"放下武器！"躲在艇内的 3 名海盗吓得扔掉了枪，乖乖地举手投降。特战队员从缴获的 3 支 AK-47 冲锋枪发现，3 支枪的弹匣都已装满子弹。要是让这 3 名潜藏在船上的海盗漏网，一旦我护航舰艇撤离，躲在救生艇里的海盗就极有可能将"OS35"二次劫持。

直到抓获海盗、确认全船安全后，特战队才通知躲藏在船上安全舱里的 19 名叙利亚船员安全出舱。原来，"OS35"轮上有安全舱设置，一旦海盗登船，船员无法抵抗时，可以立即躲进安全舱避险。安全舱设置隐蔽，舱门坚固，且有通讯线路与外界保持联系。这艘船的安全舱已被海盗发现，但舱门厚实坚固，海盗久攻不下，索性放火烧舱门，想把船员熏出舱外，但这一阴谋并没有得逞。

特战一连指导员韩沁鹏说："营救成功之后，这 19 名船员不停地说'Thank you China'，让我们感到非常自豪。"

据说，被抓捕的 3 名海盗，还想装无辜，说是"被逼无奈初次出海"。但被救的 19 名船员中，有一位是第 2 次遭遇海盗劫持，他一眼就认出这 3 个海盗中的小头目，上次就曾劫持他服务的船只，并杀害了他当时的船长。

反海盗，在国际上通常定义为"非战争军事行动"；虽说是"非战争军事行动"，但又是一场不折不扣的实战，面对着的是荷枪实弹的海盗，考验着每一位海军官兵不怕流血牺牲、不惧任何敌人的战斗意志。

"一边是海盗，一边是海豚"

世界上有一种通行的说法，20 年陆军，50 年空军，100 年海军，意思是打造一支优秀的海军要花百年时光。而执行亚丁湾护航任务的我海军编队，实际上是一支"海上的海陆空军"：既有作战舰艇，又有特战队和直升机。

每批护航编队执行任务的时长均在 4 个月以上，他们远离祖国，远离陆地，甚至远离补给。如此远距离、长时间、大强度的锤炼，使人民海军的战斗力有了突破性的提升。

　　曾先后 4 次参加护航的海口舰机电部门柴油机班班长王东对此深有体会，过去柴油机设备发生故障，该厂修的，舰艇回港后立即通知厂家派师傅前来修理；而在亚丁湾护航，无论什么故障，都要自己动手排故。有一次，主机发生重大故障，他和战友们几天没合眼硬是修复了设备。首次护航，他就编写了《远海任务中主机使用管理指南》，成为后续护航编队的必备手册。

　　海口舰情电部门实习副教导员王柯鳗在参加护航任务前，政委问她："会晕船吗？"她打下包票说："绝对不晕！我原地转上几十圈，身体都不晃。"没想到，舰艇一出马六甲海峡进入孟加拉湾，她就让巨浪打晕了，吐得天昏地暗。之前政委对她说，曾看见老鼠都晕船晕得受不了往海里跳，她不相信，这下全信了。大概连老鼠都知道，风浪再大，你再晕船，真的一旦跳进海里，反而不晕了，真的很奇怪。

　　但王柯鳗她们知道，再晕，也必须扛过去。在政委和男兵们的鼓励帮助下，舰上的 18 位女兵都挺了过来，她们边吐边学，边吐边干，做到了"任务不讲条件，工作不降标准，生活不搞特殊，成绩不拉后腿"。第一个女航海长、女导弹兵、女枪炮兵、女教导员相继诞生，让男兵们刮目相看。

从首次护航以来，护航编队的保障条件如今已有很大改善。最初，每天提供给官兵们的水只够用于洗脸刷牙。这样存一周的水，才够每人勉强洗一次澡。而现在，每天淡化的海水管够。过去，官兵打电话回家要排队，每人只能说3分钟。过春节还要专门组织"越洋传情"活动，组织官兵集体打电话回家；而如今，舰上已开通互联网和微信，官兵随时可以和家人通话。

即便如此，参加亚丁湾护航，仍需海军官兵和家人巨大的亲情付出。海口舰士官周施成接到护航任务时，妻子的预产期还差半个月，令他难以割舍。妻子哭着对他说："要不我就提前剖腹产吧？"想到孩子可能还没有长好，老周坚决不同意，终于说服妻子足月生产。启航10多天后，妻子把电话打到舰上："生下了一个7斤2两的大胖小子！"老周激动得给儿子取名"周亚丁"，以纪念这次特殊的任务以及妻子的付出。

海口舰曾3次参加亚丁湾护航，护航期间诞生的"护航宝宝"有20多个。

亚丁湾哪些景色让护航官兵最难忘？严冬说，有一次驱离几十艘海盗小艇，战斗紧张激烈。他忽然发现，我舰的另一侧却有几十条海豚，组成一个阵容壮观的"编队"，在旁欢快地"伴游"，这真是怎么也想不到的海上奇景。

"我那时就想，一边是海盗，一边是海豚，亚丁湾真太不可思议了。我们来护航，就是为了今后这里别再有海盗，将来这里到处都是海豚那多好啊。"

如今，亚丁湾海盗已陷穷途末路，海盗出没的情况大大减少。不久的将来，这目标真是有望实现的。

近代中国曾是世界上毒祸最为深重的国家。上海师范大学教授苏智良说，上世纪 20 年代后，中国的鸦片总产量达 6 万吨，几近世界上别的国家鸦片产量的 10 倍。日本帝国主义的入侵更加剧了毒品的泛滥。直到 1949 年年初，全国仍有 2000 万"瘾君子"。

新中国成立后，人民政府大力治理毒祸。1953 年，中国政府庄严宣告，祖国大陆已基本禁绝毒祸。

上世纪 80 年代起，国际毒潮再次入侵我国。金三角贩毒集团假道我国，向欧美等地输运毒品。一场禁绝毒品的人民战争再次打响。

印春荣是全国缉毒公安干警的杰出代表。2017 年 7月，中共中央总书记、国家主席、中央军委主席习近平向时任云南省公安边防总队普洱市支队支队长的印春荣颁授了"八一勋章"和证书。印春荣是全国公安现役部队中唯一获此殊荣的警官。

印春荣在云南边境一线参加缉毒斗争 28 年，数十次面对毒贩枪口，30 多次乔装打入贩毒集团内部卧底侦查。1998 年以来，作为侦办主力先后破获贩毒案件 3234 起，抓获犯罪嫌疑人 4246 名，缴获各类毒品 4.62 吨、易制毒化学品 487 吨、毒资 3520 万元，个人参与缉毒量创公安边防部队之最。

"什么样的人才能做卧底"

"30 多次乔装打入贩毒集团内部卧底侦查"，这是印春荣缉毒战史中被媒体格外关注的一项。

"您为什么去做卧底？""什么样的人适合做卧底？"这是印春荣被授予"八一勋章"后，很多记者曾问过他的问题。

"八一勋章"获得者印春荣曾 30 多次打入贩毒集团，为缉毒禁毒立下赫赫战功。 云南出入境边防总站 供图

卧底，如入虎穴龙潭，堪称"无间道"。2002 年，横扫第 22 届香港电影金像奖最佳电影等七项大奖的港片《无间道》在香港和内地公映，一时间"卧底警察"几成全民英雄。

而在现实中的"无间道"，印春荣正面临险情。

地点是厦门一家五星级酒店二楼的茶室。首次出场，印春荣的身份是送货人"三哥"，买家是台湾人"刀疤脸"。据查此人曾当过 5 年特种兵，枪不离身，还带了一个身高 1.96 米、体重 106 千克的保镖，而印春荣身高才 1.64 米。

这身高 1.96 米的保镖，用眼角向下瞅了瞅印春荣，确立了自身的优势感，心里踏实了许多。

这大个子脸上一闪而过的蔑视神情，被印春荣眼睛的余光捕捉到了。这让他心里也踏实了许多。这就是他要的效果：让毒贩不把他放在眼里，这才会让他有充分的安全感，有了安全感毒贩才会放松警惕，只有让毒贩以为稳操胜券这交易才做得下去。

"货到了吗？""刀疤脸"问。

"到了。"双方首次接头就这么简单，随即分手。

之后多日，"刀疤脸"杳无音信。

"是不是有什么漏洞让'刀疤脸'察觉了？"印春荣和专案组反复考量，认为应该没有破绽。按送货人的心态，带了28千克毒品，从云南大山里来到人地生疏的厦门，还交不了货，他应当是焦虑不安的。于是，"三哥"主动给"刀疤脸"打了电话："老板，我们在这里情况也不熟，能不能抓紧把这件事办了？"

对方只淡淡答了两个字："好吧。"

等到第4天，印春荣的手机响了。见对方主动来电，他心中一喜。但"刀疤脸"依然非常警惕，说："你一个人来交货。"

再次见面仍在酒店二楼茶室，人数仍是1对2。双方坐定，看似漫不经心地海聊，从云南边境的风土人情，到进出境的山间"便道"，凭着生于斯长于斯的积累和分寸的准确拿捏，印春荣让对方慢慢放松了警惕。突然，"刀疤脸"话锋一转，问道："听说曼海桥查得很严啊？你们是怎么把货带过来的？"

曼海桥是他们的必经之路，坐落在流经云南保山潞江镇的怒江之上。320国道从边境经过曼海桥通往保山、腾冲。保山边境管理支队在大桥西岸设有曼海边境检查站，车辆只要过了曼海桥，到昆明、进内地就再也没有固定的边防检查站了。

曼海边境检查站是 1995 年年中设立的，20 多年来已经抓捕了 3000 多名贩毒嫌疑人，威名显赫，是毒贩心中的"克星"。

"刀疤脸"这问题太关键了，不但"三哥"必须回答，而且必须让对方觉得他是不假思索地回答的，但又不能全答。

"我们用车子过桥的。"他爽快地答道，见对方还在期待他往下说，便果断地打住了，"但货具体放在车子的什么部位，我就不能说了。"既是道上的"三哥"，就必须懂"道"上的规矩。

这看似聊天，实质却是盘问。聊了一个多小时后，毒枭终于提出验货。印春荣从楼上取了样品，回到茶室，以"递烟"的方式送到"刀疤脸"手上，这本是毒贩的惯用手法。一招一式，都必须符合"三哥"的身份。验过毒品后，"刀疤脸"确信"三哥"人货俱真，于是下令保镖打款。

印春荣当着"刀疤脸"的面给扮作"大哥"的专案组领导打电话："钱打过来了。"

按事先的计划，"大哥"应当稍等片刻后确认钱款已经到账，通知印春荣交货。不料，"大哥"在电话中说："款还没到账啊。"钱不到账就不能交货，不能交货就不能收网，这环环相扣的案情哪里出了错？

印春荣不知道究竟发生了什么？

原来，专案组原定先抓捕"刀疤脸"团伙的其他几个成员，最后这里才收网。不料，事先发起的外围抓捕出了意外。

印春荣灵机一动，对"刀疤脸"说："大哥说钱还没到账，您那边打款的兄弟是不是确信已经打款成功了？"

"刀疤脸"几次三番催印春荣打电话问钱究竟有没有到账。谁知这一拖就是一两个小时，"钱还没到账"，"刀疤脸"开始焦躁不安了。

"为了稳住对手，我当时几乎把能说的好话都说尽了。"印春荣回忆说，"最后我不得不对电话里的'大哥'说，你让小弟好好查查，钱再不到账这生意就做不成了。这时，才听'大哥'说，钱刚到账。我心中一块石头落了地。"

这一耽搁，还是让狡猾的"刀疤脸"起了疑心，他让保镖一个人随印春荣去取货。

印春荣心想："可不能让你跑了。"于是，他装作亲昵地搭着"刀疤脸"的肩说："老哥，还是咱俩去交接吧。"

之后的桥段太过经典，在无数缉毒大片里见过：在客房里，"三哥"打开藏着28千克海洛因的密码箱，"刀疤脸"心中大喜，随后接过密码箱走进了警方的伏击圈。等他想拔枪时，已被一拥而上的便衣警官按倒在地。

"你知道毒贩为什么这么疯狂吗？如果1千克海洛因在东南亚是1万元，在我国台湾和香港就可以卖到40万元，甚至上百万元。"印春荣说。

所有的毒贩，都是贪婪的。

那卧底警官呢？

"有时候，并不是我自己想去卧底。"印春荣说。

在侦破2006年"3·30"大案时，嫌疑人"肥仔"愿戴罪立功，要和两名假冒毒贩的警官一起去深圳与毒枭"黄毛"接头。谁装扮毒贩最合适？印春荣让"肥仔"在刑侦队员中挑。

谁知"肥仔"看了一圈，首选印春荣，其次李海峰。

印春荣自嘲道："大概是我又黑又瘦，又熟悉当地社风民情，就连毒贩都觉得我最适合卧底。"

印春荣，1964 年出生于云南保山昌宁，18 岁入伍，是土生土长的当地人，要是换上了便装走在大街上，陌生人真是很难将他一眼从保山人里分辨出来。

有一次，几个新加入保山边境管理支队侦察队的队员跟印春荣执行任务，上街才走了几步就被印春荣批评了："你们看看自己的着装，像当地人吗？这还不被毒贩认出来？毒贩的警惕性不比你们低！"

这几个年轻队员赶紧回去把时髦的旅游鞋换了。

印春荣知道"肥仔"不敢造次，因为"肥仔"要是一旦被"黄毛"发现他带来的人是警察，就犯了毒贩的大忌，死定了。

来到深圳，意外也接踵而至。"黄毛"家住在 17 楼，平时闭门不出，印春荣和李海峰只能押着"肥仔"主动上门。

进"黄毛"家门时，印春荣悄悄扫了一眼他家的防盗门和防盗锁，发现防盗门特别坚固，即使用警方的破门器也不是三五分钟就能打开的。

走进客厅，印春荣更是暗暗吃了一惊，原来说好只有

"黄毛"一人在家，但实际上除了"黄毛"之外，还有他妻子、弟弟和 3 个孩子，加上嫌疑人"肥仔"，警方和对方的人数之比是 2 比 7。万一"肥仔"反水怎么办？正担心着，"黄毛"和"肥仔"突然用潮汕话聊了起来，而印春荣和李海峰都听不懂潮汕话，这让他俩的心绷紧到了极点。

一会儿，"黄毛"拿出当地有名的糕饼招待来客。是吃，还是不吃？不吃，对方会不会警觉？吃了，这糕饼里会不会已经放了什么东西？

印春荣还是果断选择了吃，以便降低对方的防范心理；同时，李海峰不吃，以防万一。正说着话，突然又进来了一男一女，是来买毒品的，双方人数对比更成了 2 比 9。

此时，他们进门已半个多小时。当时潜伏在门外接应的侦查队长杜风事后说："通常情况，一般毒贩交易怎么也不会超过半小时。这 17 楼啊，要是有个闪失怎么办？那么长时间没接到抓捕信号，我都紧张得要冲进去了。"

屋内那一男一女买下 4 块海洛因就要走，印春荣心想，可不能让他俩跑了，他猛地一把将"黄毛"按在地上，同时拔出手枪对着这一男一女大喝一声："不许动！我们是警察！"李海峰也一把将"黄毛"的弟弟控制住。"黄毛"还以为他俩是想"黑吃黑"的同行，连声说："大哥，钱在床上，你拿走吧……"

印春荣喝令"肥仔"："快打开门！"

"肥仔"刚哆嗦着打开防盗门，门外，早已急不可待的杜风和他的战友一拥而入……

卧底必须具备的素质是什么？冷静、果断、敏锐，绝对过硬的心理素质。

"一切的一切，是忠诚使命"

怒江在高黎贡山脚下切割出一道河谷，曼海桥就跨越在河谷之上。曼海边境检查站是保山边境管理区的二线检查站，出得曼海桥，直奔保山市区只有 69 千米。曼海边境检查站建站 20 多年来，缴获毒品总量超过 3000 多千克，共有官兵 9 人荣立一等功。

2003 年 11 月 20 日，时任保山公安边防支队曼海边境检查站副站长的水成行在公路巡查时，发现一辆吉普车在距检查站 2 千米外的地方换车胎，感觉情况异常，立即向时任情报科长的印春荣汇报。印春荣提醒他，千万不要惊动对方，等该车到了曼海检查站时，重点检查它新换上去的车胎。

用车辆备胎藏毒品，已被我方多次破获。这次，狡猾的毒贩会不会改为将毒品藏在行驶中的车胎里？这个念头从印春荣脑海里闪过。印春荣知道，海洛因如长期受热会融化，所以毒贩很有可能在离检查站较近时才将藏有毒品的轮胎换上，过检查站后再将藏毒车胎悄悄换下，就是为了防止车胎高速运行后导致温度上升影响海洛因的质地。

水成行依计而行，在检查站守候，果然，从那车新换上的车胎里查获海洛因 5.96 千克。

突审驾驶员后，办案人员认为驾驶员对外联系不多，很可能已经暴露，失去延伸办案打击上下线毒贩的可能。但印春荣敏锐地发现，在审讯时，驾驶员时不时地抬头看侦查员，似乎有话要说。于是，他和驾驶员聊了起来，从妻儿、父母这些最有人情味的话题聊起，聊到驾驶员从心底里认罪，供出了隐藏在昆明的"老板"。

专案组立即赶赴昆明，抓获"老板"后，摸清了幕后的操纵者是躲在广州的台湾人"耗子"。

印春荣再次以"老板"手下的"小弟"身份出场，抓获了"耗子"。在带"耗子"去他家搜查的路上，他向印春荣请求道："警官，我有个女儿才 2 岁，能不能别让她看见我这样。"

印春荣明白，他不愿让女儿看到父亲戴手铐的样子。在落实了相应的控制措施后，印春荣摘掉了他的手铐。

刚打开他家门，一个可爱的小女孩欢叫着"爸爸"扑向了"耗子"。印春荣心里一紧：如此天真烂漫的小女孩，却成了贩毒的受害者！

在书房里，"耗子"悄悄拿出一张银行卡对印春荣说："这张卡里有四五百万元，你拿去。"

印春荣讽刺道："你想得美！你想的是，你出来，让我进去？拿了你的钱，我就跟你一样成为罪犯了！"

在"耗子"家和他藏得很隐蔽的一辆车上，总共搜出了 225.9 千克冰毒。而那张用来行贿印春荣的银行卡里，还真有 485 万元。

"当'耗子'用银行卡来诱惑您时，您是怎么想的？"在印春荣获得"八一勋章"等诸多荣誉后，多位记者问过几乎同样的问题。

"我在想，他到底想耍什么花招？他离窗有多远，有没有逃脱的可能？所以我一直站在他和窗中间的位置上。"印春荣答。

他就是没想钱。

"钱？我相信我们任何一个警察都不可能拿他钱的。"

做好卧底，原来一切的一切，最根本的是忠诚使命。

有人说，印春荣从小就看到了太多毒品的危害，所以他要当缉毒警。

印春荣说，这没错。他还在读中学时，有一次下了晚自习回家，在一条暗巷里被什么东西绊了一个跟跄。他拿手电一照，竟然是一个死去的男人，手里还拿着注射毒品用的针管。印春荣同宿舍有个睡上下铺的同学，做生意发财后，先是给家里盖起瓦房，娶了漂亮的傣族姑娘，后来却因贩毒走上了绝路。还有个同学吸毒后，家破人亡，甚至将自己亲生儿子背到境外卖掉，最后自己也成了死在异国他乡的孤魂野鬼……

不仅是对毒品的痛恨，更是男儿肩头的责任感和骨子里的血性，让他坚定不移地走上了缉毒警的道路。刚入伍时，组织让他当卫生兵，后来又成了军医。1998 年，一个偶然机会，他获得了一条贩毒情报，首次出战就是卧底，破获了毒案。从此，他在缉毒第一线与境内外形形色色的贩毒集团较量了 28 年。历任云南省公安边防总队保山支队战士、军医、情报调研科科长、副支队长、畹町边防检查站政委，省公安边防总队司令部协理员、普洱市支队支队长，公安部边防管理局司令部副参谋长等职。现为国家移民管理局机关党委纪委常务副书记，二级警监。

"老英雄"的心里，记着更多的英雄

走进云南边境的普洱、保山边境管理支队及下属边境检查站，在各个荣誉室里都会见到无数的英雄事迹，这里真的是"年年有英雄，月月有战斗，日日有行动"！扼守在杭瑞高速公路上的芒颜边境检查站，有着"缉毒劲旅"称号，是全国禁毒先进集体；东风桥边境检查站一等功臣就有 4 位：杜风、邓志、蒋炎、白建刚；而曼海边境检查站，一等功臣有赵富荣、王定军、余龙辉……

已经调任北京国家移民管理局机关工作的印春荣再次来到当年他熟悉的检查站，他的战友都不称呼他的名字或职务，而直呼他为"老英雄"。

普洱市支队张副支队长说，"老英雄"当年在这里摸索出的"望闻问切"、"网上作战室"等缉毒方式，已在缉毒一线推广普及，并融入了云南省公安厅新推出的"禁毒大数据（云南）中心"，取得了良好战绩。支队李政委说，该支队每年缴获毒品数已连续 6 年超过 1 吨。

然而，所有的英雄，背后都是他本人和家庭的奉献和牺牲。自 1950 年 8 月以来，云南出入境边防检查总站总共牺牲了 177 名英雄。

多少次，印春荣也命悬一线。

曾任保山支队副参谋长的胡令说，有一次，印春荣带领专案组在潞西市遮放收费站截停一辆嫌疑吉普车时，嫌疑人突然猛踩油门，强行冲卡。印春荣侧身闪过，又扑了上去，左手紧紧抓住车门，右手与嫌疑人争夺方向盘。但吉普车还是硬将前方拦截的警车顶开，他的双脚被吉普车拖在地上，鲜血直流，但决不松手。被拖出 50 多米后，慌不择路的吉普车撞上大树，翻下山坡。嫌疑人落网了，印春荣手上、腿上的伤口鲜血直流，战友们要赶紧送他去医院，他却下令把嫌疑人带到车上，边走边突审。

很多人问过印春荣同样的问题："您执行的最危险的任务是哪一次？"

"难说哪一次最危险，很多次都很危险。"印春荣实话实说。

毒贩大多是亡命之徒，枪毒合流并不鲜见。"其实，就是我们破案中最常见的跟踪、蹲守和每一次控制下的交付，都充满危险。从云南跟踪毒贩的车到广东，单程就近3000千米，一路上既要不被发现，又要不让嫌疑车辆失踪，难不难？还有一次，是我们干警驾车的'控制下交付'，在高速公路上大货车突然刹车失灵了，你说危险不危险？"

连续几天几夜的蹲守，疲劳就是一大考验。为了防止睡着，印春荣啃酸芒果、吃朝天椒。后来他发现，吃到第5根朝天椒时，味觉神经已全然麻木。他又发明了"香烟自燃法"，一根香烟燃尽的时间约5分钟，他就点一支烟夹着，让香烟烧到手指时把他烫醒。曾经，他的指间都是烟头燎出的水泡。

看上去一个个头并不高的普通人，颜值更是普通得不能再普通，却有着过人的机敏、惊人的毅力和内心恒久的定力。

印春荣在众人眼中是"老英雄"，而在这位"老英雄"的心目中，还有更多的英雄。"牺牲在缉毒一线的战友有陈锡华、杨军刚、白建刚……"说起牺牲的英雄，他难掩悲痛。

"我是幸运的。"印春荣多次说，"所以说，这'八一勋章'真不是奖励我个人的，是授予全国缉毒干警的，包括我牺牲的战友。"

英雄的付出，终有回报。正是在全国公安干警的努力下，2019 年 6 月公布的《2018 年中国毒品形势报告》说："2018 年，中国现有吸毒人数占全国人口总数的 0.18%，首次出现下降。""毒品滥用人数增速减缓但规模依然较大，新增吸毒人员减少。截至 2018 年年底，全国现有吸毒人员 240.4 万名（不含戒断 3 年未发现复吸人数、死亡人数和离境人数），同比下降 5.8%。"

曾担任广东省公安厅禁毒局局长的邓建伟，是禁毒缉毒专家。他说："我认为警方对运毒贩毒和制毒贩毒的打击，不仅要打到毒品的价格出现波动，更要摧毁制贩毒集团之间的信任，彻底打断毒品的产业链。我们已经发现，近来毒贩的交易双方已经开始出现'掺假'乃至'卷款而逃'等欺诈行为。过去，长期从事毒品交易的上下家，他们彼此之间已经形成了稳固的信赖和交易关系。你们在好莱坞缉毒大片里可能看到，毒贩双方人马排开，荷枪实弹验货验钱。但实际上，过去那些长期从事毒品交易的双方彼此之间是非常信任的，曾经出现过'既不验货，也不验钱'的状态。但现在这种信任已经动摇乃至瓦解了，甚至出现过在冰毒里掺冰糖的事，毒贩的上下家已经开始'黑吃黑''黑骗黑'了，这说明整个运毒贩毒和制贩毒产业的生态开始恶化，说明我们的打击是有效的，这是我们希望看到的成效。"

"总之，我们的打击要让运毒贩毒和制毒贩毒产业链的每一个环节都不安全，从云南贩毒的过不了边境检查站，制毒的原料运不进来、制毒的生产窝点在各地无处落脚、交易时很可能被警方查获，严查严打这几个环节，使从事运毒贩毒和制毒贩毒的人数总量大大减少，令整个运毒贩毒和制贩毒产业处于无组织和无序状态。"

而为了实现"全产业链打击"运毒贩毒和制毒贩毒，一线缉毒警的付出实在太多了。

"都说当兵要欠三代情：上不能孝敬父母，中不能给妻子以温存，下不能教育孩子。"印春荣的老战友钱峻说，"缉毒警尤其如此。'老英雄'一年也回不了几次家。他在侦办案件上花的时间，都比和嫂子在一起的时间多。"

印春荣和很多缉毒警一样，不知道自己孩子的幼儿园老师，不知道自己孩子的中小学班主任。同样，为了保护家人不被贩毒集团报复和威胁，父母、同学、亲戚和孩子的老师也都不知道他们的真实身份。很多事，甚至就连妻子都不能说。

境外贩毒集团曾在网上公开威胁印春荣，并开出100万元赏格买"三哥"的人头。

"这个事嫂子知道吗？"有战友担心地问印春荣。

"这个怎么能说！"他说。

"有时我们去昆明执行任务，为了怕暴露目标，故意放风说是去景洪。结果战友在昆明意外地被他爱人的亲友撞见了，亲友无意间和战友的妻子说：'我昨天在昆明遇见你老公了。'这件事就成了他们夫妻间说不清道不明的'冤案'，即使单位领导出面澄清，也依然是这对夫妻关系中的一个'梗'。

"儿子在读小学时，曾经给我打过一个电话。我们当时正在商量要不要马上抓一个毒贩，时间很紧。我看是孩子的手机号码，想不接他电话不好，又实在没时间和他细聊，简单说了句'爸爸现在有急事'，就挂了电话。没想到这件事成了孩子心中的阴影，后来很多年他没有主动给我打过电话。"说起往事，他内心依然充满愧疚，"这件事，我一直很难过。"

"没有一个女性会希望自己只有一个在电话里的丈夫。"印春荣的妻子在获悉丈夫获得"八一勋章"时哽咽着说，"但现在国家给了他这么大的荣誉，我觉得，值了。"

"嫂子的牺牲真的很大。'老英雄'是我们领导，但嫂子从来不是'官太太'。她是主任医师，但就像是我们整个队的家庭医生。无论任何时候，只要我们的家人去看病，嫂子接到电话总是在最短的时间里帮我们联系上最好的医生。"杜风感激地说，"我和队里好几个战友的孩子都是嫂子亲自接生的。"

这位和她丈夫一样坚韧、充满牺牲精神和仁爱之心的知识女性，真了不起！

（注：因缉毒工作需要，部分缉毒警官为化名。）

排爆手。

这个岗位，首先让人联想到的是又厚又重连着头盔的排爆服，然后是穿着排爆服的排爆手，一步一步无畏地迈向前方的不明爆炸物，它随时都可能在一声巨响中化作狰狞的死神。

张保国就是排爆手。确切地说，他是济南市公安局特警支队排爆中队的第一排爆手。

2018 年 7 月，"全国公安系统一级英雄模范"张保国同志授奖仪式在济南市公安局隆重举行。"全国公安一级英模"是公安部授予公安机关工作人员的最高荣誉称号。

2019 年 9 月，中宣部等又授予他"最美奋斗者"光荣称号。

张保国：『烈火金刚』新传

"此前，我没想过自己也能评为一级英模。"张保国说。

和平年代，公安队伍是一支牺牲人数最多的队伍。2000年以来，全国公安民警几乎是"天天有牺牲"。有关资料显示，近年来获得公安部"一级英模"荣誉称号的，大多是执行任务时牺牲的勇士。有的年份，获此殊荣的全都是在抓捕穷凶极恶的罪犯时英勇牺牲的烈士。

张保国获此殊荣乃当之无愧。从1999年9月转业到济南市公安局的20多年来，他一直从事排爆工作。即使曾因排爆致残，后来又改任特警支队作训处副调研员之后，他依然是排爆中队负责人、第一排爆手。2019年6月。他被任命为济南市公安局特警支队副支队长，但遇到重大险情，他说他还会第一个上。

"化学脑袋瓜"竟真和爆炸物打上了交道

济南市特警支队警官给人的印象，都是威武英俊的大高个，与印象中的"山东大汉"形象十分合拍。而在特警支队初见张保国，却有几分小意外。他中等身材，笑容和善，语气平缓，似乎更像一位亲切和蔼的老师，而不是在排爆现场出生入死的英雄。

真不知道，要多少次的临危不惧、命悬一线，才能练就他这样沉稳而坚毅的品格。

特警支队长刘宜武说，自张保国从警 20 年来，他已先后成功处置涉爆现场 100 多次，排除爆炸装置 20 多个，鉴定排除可疑爆炸物 130 多个，鉴定、排除、销毁各类炮弹、炸弹等 4000 多发（枚），完成重大活动防爆安检 1500 余次。

转业之前，张保国是济南军区军械雷达修理所的工程师。上世纪 90 年代，济南城市建设的步伐加快，那些深埋在地下几十年而未引爆的各种炮弹、航弹、手榴弹等，在济南的城市旧区改造和重大基础设施建设施工中被挖掘出来。如何安全地处置销毁这些爆炸物，成为济南市公安机关亟须解决的重大问题，但当时公安系统尚无专业排爆人才。于是，在济南市公安局领导和济南军区有关方面的协调下，1998 年 3 月，正营职的张保国借调到市公安局，成了穿着军装的唯一一个专业排爆手。

此时，张保国已是和各种弹药打了 14 年交道的少校工程师。炸药、炸弹的种类之多，真的必须有深厚的专业底蕴方能辨识、破解，所幸张保国是科班出身。

1984年，张保国以总分493的高分考入解放军军械技术学院。这个分数，据说当年可以进重点院校。于是，从小被乡邻称为"化学脑袋瓜"的他，就真的和各种化学爆炸物打上了交道。

1988年军校毕业，张保国分到济南军区某弹药修理装配站。这个站地处大山深沟，条件非常艰苦，但"化学脑袋瓜"依然不甘寂寞。军区每年销毁的各类报废炮弹多达数百吨，传统的方式是一炸了之，或用很低效的方式回收部分废旧弹药的钢材、炸药。张保国就琢磨开了：要是把炮弹里的炸药全部回收了用于民用，把这么好的炮弹钢也全部回收了，可为国家节省多少钱啊！专业的理论知识帮上了他的忙：他知道TNT炸药有个特点，加热到某个温度，它虽不会爆炸，但会由固态变为液态。就利用这个特性，经过反复试验，他研制出了"弹丸装药倒空制片设备"，给炮弹加温后，让炮弹里的TNT以液体状流出来，再制成鳞片状炸药。从此报废炮弹再也不用爆炸方式销毁，既节约又环保。这个科研项目得了当年全军科技进步三等奖。

张保国正在鉴定济南城建工人在施工现场发现的航空炸弹。张保国 供图

这"化学脑袋瓜"，让济南市公安局看上了。刚借调到济南市公安局协助排爆工作，他被带到公安临时储存爆炸物的地下室，这场景真让他吃了一惊：各种爆炸物，从炮弹、手榴弹到航空炸弹，林林总总有 800 多枚，要不及时安全销毁，真炸起来可不得了！

但这样的创新人才，部队也不愿意放走。可张保国想到济南城里的工地上隔三差五就挖出一颗炸弹来，咬了咬牙，还是转业干上了公安。没想到的是，起初，他的主要职责是负责销毁挖出来的废旧弹药；而后来，一个凶险得多的对手悄悄显现了：那就是犯罪分子制造的各种不同引爆方式的土炸弹。

"排爆"成了济南警方面临的新挑战。

只差 3 分钟，定时炸弹就将起爆

"我们通常处置的爆炸物可以简单地分为两类：一类是军工企业制造的炮弹、炸弹、手榴弹等军用弹药，我们称之为'制式爆炸物'；另一类是犯罪分子手工制作的'非制式爆炸物'。制式爆炸物的结构、原理，我们基本都懂；

而非制式爆炸物，就要靠我们在最短的时间里去识别、破解、排除。犯罪分子越来越狡猾，引爆的方式和炸药的种类也各有不同，所以非制式爆炸物，对我们排爆的危险最大。"张保国说。

刚从警 3 个月，张保国就 3 次面对死神的考验。

1999 年国庆前夕的一个晚上，济南市中分局民警在玉函路某小区清查流动人口时，发现出租房里的一男一女却不是夫妻。男的对女的悄声说："如果公安敢揍我，我就炸死他们！"警惕性很高的民警听到后，立即带离了他们，同时迅速将此信息上报市局。很快，张保国接到命令飞奔到现场。

嫌疑人究竟有没有爆炸物，爆炸物又藏身何处？张保国让一同赶到现场的科长和别的民警留在出租房外，独自一人打着手电走了进去，里面灯光昏暗，堆满杂物，他仔仔细细搜查每一个角落，果然发现了一个土制炸弹！那是一个装满了炸药的啤酒瓶，瓶口还精心制作了 3 种引爆方式：有鞭炮引火线点火的，有像手榴弹拉绳一样拉发引爆的，还有一种是直接摩擦引爆的。啤酒瓶外面还用胶带缠上了钢珠，一旦引爆，杀伤力不亚于军用手榴弹，可见犯罪嫌疑人穷凶极恶的程度。

　　张保国认定这个处心积虑准备了 3 种引爆方式的歹徒，很有可能还制作了多枚炸弹。果然，他又发现了嫌犯用 3 个水暖三通管件和 5 个铁管制作的钢管炸弹，这 9 个炸弹都有很大的杀伤力。

　　第一次面对这么多"非制式"土炸弹，张保国一时也无法判定这炸药的性质，它敏感不敏感？会不会一动就炸？必须现场就想办法破解。忽然，他看到墙角有 2 个塑料水桶，灵机一动：拿水泡了它！因为无论是点火、摩擦，还是拉火式引爆，都可以用水来隔绝火源，让点火装置失效。于是，他小心翼翼地将 9 个土炸弹放进盛满水的水桶，暂时消除了危险。

　　第二天，在济南郊外的一个山沟里，张保国隐蔽在一块大石头后，将那个"酒瓶炸弹"像扔手雷一样扔了出去。一声巨响，果然是落地就炸。原来，酒瓶里装的是对撞击、摩擦极其敏感的自制氯酸钾炸药。要是在排爆的过程中，一不小心掉落地面，就有可能引爆！

　　嫌犯后来交代，男的是东北逃犯，撬开单位林场的保险柜，盗取了 8 万多元现金后逃到山东，还结识了一名女老乡。他内心始终惶恐，知道天网恢恢，警察早晚会找上门，就制作了这 9 个土炸弹，用以拒捕。幸亏张保国勇敢机智，当晚一个都没炸响。

张保国遇上的第二个土炸弹是"汽车炸弹"。在某科研所大院里，一辆红色轿车门上绑着一个爆炸物，车主还发现了歹徒留下的纸条，如果不在规定时间里打 20 万元，就要车毁人亡！车主立即报警。

张保国赶到现场后，仔细观察，发现爆炸物上方还有一个闹钟，疑似定时炸弹。"这定时炸弹的危险，在于你不知道他预置的爆炸时间。"张保国说。他从车的另一侧贴近观察，评估爆炸物万一爆炸时威力的大小，觉得首先必须将爆炸物转移出现场。但苦于当时没有排爆器材，他急中生智，向大院内一位大妈要了一捆纳鞋底的细棉绳，做了一个活结儿，然后迅速上前将爆炸物连同定时闹钟紧紧套住，再退到远处果断地将爆炸物拖离现场。所幸的是，在拖行的过程中，引爆的定时闹钟和爆炸物拖散分离了。他跑上前仔细一看，此刻与闹钟设定的起爆时间只差 3 分钟。要是晚 3 分钟，真不敢想象会是什么结果！

第三个"土炸弹"是那年年底前被发现的。那年 12

月 25 日，济南市某邮件分拣处发现了一个可疑包裹，上面写着收件人是"省公安厅经济犯罪举报中心负责人"，寄件人是"埠村煤矿张胜利"，包裹单上注明内装皮鞋一双。但邮局工作人员发现重量明显不符，经查证埠村煤矿也没有"张胜利"这个人。联想到此前分拣处曾发生过一起邮件炸弹爆炸事件，邮局于是报了警。

张保国和他的队友赶到现场时，整个邮局的工作人员都撤空了。当时，济南市公安局尚未成立专业排爆队伍，也没有专业防爆器材。怎么把分拣大厅中央的那个疑似爆炸物移除？张保国临时向当地派出所借了一顶钢盔，再找了床被子，把它包裹起来，就用一双手捧着它一步一步走出了邮局，将疑似爆炸物稳稳地放到车上，拉到郊外爆破销毁。

"您要是穿上了排爆服，是不是就能确保安全？"后来，有媒体记者问张保国。

"排爆服的防护功能是，1 千克裸装的 TNT 炸药，在 3 米距离外爆炸，排爆手可不受致命伤害。"

"裸装"的意思就是炸药不装在密闭的容器里，更不用说是铁管、铁桶里，而且人是在"3 米之外"，这距离对排爆手的正常排爆作业来说已经是远到不可能的距离，没有一位排爆手的手臂可以有3米长啊。"不受致命伤害"，言下之意，一旦遭遇爆炸，仍会受伤害。

科班出身的张保国，很清楚爆炸物的杀伤力，但他真的做到了临危不惧。他的"不惧"，不是超人式的无需害怕，而是忠诚在先，临危不退，恪尽职守。

烈火金刚，"没名字的典型事迹报道"

2002年元月，济南市公安局领导率张保国等参加了京沪等十城市公安防爆部门在京举行的防爆排爆技术研讨会。会上，有的经济发达地区公安交流说，当地一年发生的炸弹恐吓案件有数百起之多。这让济南市公安局领导格外重视，说："防爆排爆队伍我们宁可备而不用，也不能用而不备。"于是，济南公安启动组建专职排爆队伍，投资数百万元购置专用防爆设备。

尽管如此，排爆依然是高风险岗位。2005年3月2日上午，济南西郊腊山的一个废弃采石场，济南市公安局按惯例在"两会"前集中销毁一批收缴和发现的火炸药

张保国在现场与队友商量如何销毁废旧弹药。 张保国 供图

及废旧炮弹等爆炸物。10 点多，即将销毁的 57 发炮弹、7 枚锈迹斑斑的军用发烟罐和大约 15 千克的火炸药卸车完毕。这些火药是从社会上收缴而来，成分复杂，销毁时必须格外小心。队友撤离到处于上风口的山口处，而张保国前去处理最危险的废旧火炸药，并向随同采访的当地 4 名记者介绍销毁作业的过程。不料，张保国身后的一个锈蚀严重的发烟罐突然泄漏，发烟剂接触到空气立即自燃起火！

听到惊叫声的张保国回头一看，大喊一声："不好，快跑！"同时飞快地冲到冒着火苗的发烟罐旁，一脚将发烟罐踢飞。周围的人全跑开了，他却因为奔跑的惯性冲进了铺在地上的火药堆。

当地电视台记者事先架好的摄像机录下了令人痛心的瞬间：一个十多米的火球突然蹿起，上千度的高温将张保国裹在中间，他顿时变成一个"火人"，挣扎着冲出火堆，然后就地扑倒、翻滚，试图压灭身上的明火。但脖子里和大腿内侧的火苗依然燃烧，他只能用烧焦的手去拍灭火苗。队友们见状一拥而上，为他扑灭身上余火。

"着火时，我第一感觉是'坏了'。我知道火灾现场很多遇难者是吸入了高温有毒气体，就紧闭双眼，屏住呼吸，向外翻滚。"张保国回忆说，"大火瞬间就烧化了我戴的钢盔的尼龙带，钢盔掉了。但当时我还没有觉得疼，火灭了以后，是自己走到车上去的，但车还没进城就疼昏过去了。"

那天，张保国的妻子李静正在单位上班，丈夫的同事突然出现了。"保国受伤了"，这简单的一句话就像晴天霹雳，让她完全蒙了。她知道丈夫是和炸弹打交道的人，一出事就是大事。那么多年，无数个不眠之夜等"出现场"的丈夫归来，无数次的提心吊胆，今天真的出事了！

其实，李静在和张保国结婚后很长一段时间不知道丈夫的工作有多危险。说起她的婚姻可是"父母之命"，1993 年，张保国还在济南军区军械雷达修理所弹药修配站工作，因为将山区钻探失败的深水机井"起死回生"，解决了当地百姓的灌溉和饮水难题，而获得了一项科技成果。李静的父亲时任章丘县水利局钻井队队长，从报纸上看到张保国的事迹后，特意驱车去部队求援。正是在他的邀请下，张保国多次来章丘钻井工地指导。这一来二去，这勤勉踏实有技术还爱动脑子的年轻人，给李静的父亲留下了很好的印象。当后来得知张保国还单身时，就试探着将张保国从工地带回家里，让女儿"培养感情"。

原本是"理工男"的张保国，平时话不多，也不懂浪漫，但他待人真诚，做事踏实，又爱钻研技术，让李静觉得有安全感，1994 年年底他俩就跨进了婚姻的殿堂。李静也曾问过张保国在部队究竟是干啥的，张保国就说是负责修理和处置废旧弹药的。李静心里想，军人和弹药打交道是很正常的啊，也不知道有多危险。

1999 年张保国转业，正式进入济南市公安局，李静问他在公安做啥，他淡淡地回答说："做点技术工作。"李静压根没想到丈夫成天在和各种各样的炮弹、炸弹打交道。因为即使张保国排爆成功，这类严重恶性案子，通常公安也不会主动向社会发布案情，李静也无从知晓。

但后来，李静还是发现丈夫越来越"不对劲"，无论白天黑夜还是节假日，只要局里一个电话打来，立马扔下手头的一切走了。在她的反复追问下，才知道丈夫在"出现场"。

从那时起，只要丈夫一说"出现场"，李静的心就悬了起来。

没想到，最害怕的事情还是来了。

"我赶到医院，只见他的脸被火药烧得又黑又红，肿得像脸盆，五官都分不清。两只手已经缠满了绷带，指尖还有黑黄色的液体渗出。"时隔十多年，李静讲述时依然心疼哽咽，"我那时最大的愿望就是他一定要活着！只要他活着，女儿就还有父亲，这个家就还在！"

这场事故，张保国全身有8%的面积烧伤，脸部二度烧伤，双手深二度烧伤，有的手指严重变形，落下七级伤残。可他，一醒过来就想到既要瞒父母，又要瞒孩子。他叮嘱妻子说："给爸妈打个电话，说我出差一段时间，不方便给爸妈打电话……"并关照前来采访的记者，"千万不要报道我的名字和照片。"于是，他的事迹以"一个党员民警光荣负伤"见报了。当时的济南市委宣传部领导不由得感慨说："这是我见过的第一个没有姓名的先进典型报道。"

二十多天后，一家电视台在报道"学校师生赴医院慰问光荣负伤的英雄"消息时，忘了给张保国的脸打上马赛克，正好被他母亲看到，60多岁的老人家一直挂念儿子，手里的碗当即掉在地上打碎了。

第二天一大早，老母亲从老家德州坐着头班车赶到济南。那时，正赶上张保国受伤的脸在蜕皮，老母亲撕心裂肺地喊了一声"我的儿啊"就泣不成声了。老人家在医院陪护了整整两天两夜，张保国心疼母亲，让弟弟硬把母亲送回老家。谁知道，回到家第二天，心力交瘁的老母亲就一头栽倒在大门前，紧急送县医院后诊断为脑卒中。县医院的医生判断老人没救了，即使救过来也是植物人，建议家属放弃，所以只给老太太挂盐水。老父亲又急又不敢和张保国说母亲的病情，还是他弟弟在一筹莫展的情况下，给张保国打了电话。张保国又自责又心疼母亲，让弟弟赶紧租车将母亲送到济南市的齐鲁医院，"这里的医疗技术高，医疗条件也好！"他对弟弟强调说。

这一决定救了老母亲一命。母子俩住进了同一家医院的不同病房，彼此还不能见面。老人家虽然被救了回来，但从此半身不遂，十多年来生活全靠张保国的老父亲料理。

"我母亲是个特别要强的人啊，"张保国说，"我永远忘不了的是，小时候，我父亲辗转大西北、大西南建核基地工程，母亲白天干农活，每天晚上还要编炕席，5天要编织4条炕席，然后骑自行车到集市上去卖……母亲为我们苦了一辈子，我没让她享上福，还让她为我遭了这么大罪。这是我的心头之痛。"

多少年之后，每每想起老母亲，张保国心里就特别难过。

住院20多天后，4岁的女儿汝佳缠着要见爸爸，张保国也想念女儿，狠狠心让妻子带女儿来医院。妻子事先给孩子"打预防针"说："爸爸被火烧伤了，不过快好了。"但4岁的孩子哪里懂得脸部烧伤与阑尾炎开刀有什么区别？

张保国说："那天，我在病床上都听见走廊里传来女儿蹦蹦跳跳的脚步声，但她一进病房，突然见到我烧伤的样子，一下子就吓哭了，躲到她妈妈身后去，边哭边喊：'我再也不玩火了！爸爸你以后也不玩火了好不好？'"

李静知道丈夫深爱女儿，但丈夫曾经对女儿的"失职"又让她受不了。2003年9月的一天，张保国驾车接女儿从幼儿园回家，路上突然接到出警电话：市内某工地发现废旧炮弹。张保国立即驾车飞奔而去，他将车停在现场附近的安全地带，然后关照女儿说："爸爸一会儿就回来，你好好在车上等我。"然后直奔现场而去。2小时后，现场处置完毕，他回到车旁，打开车门才发现女儿已经哭哑了嗓子，瘫坐座椅上了。幸亏那天济南不是高温天，否则后果不堪设想啊！

李静知道这件事后，狠狠地责备过丈夫。这时的丈夫，完全低头认错。

在齐鲁医院的精心治疗下，张保国转危为安。但他的双手必须再次手术：失去皮肤的双手，即使戴上塑形手套也没用，双手的增生瘢痕越长越厚，不得已又到北京再次进行植皮、矫正手术。半年后，他身上留下了 2 道 50 厘米的疤痕，终于出院了。

没想到的是，他出院后第三天，就蒙着口罩、双臂吊在胸前、双手缠着绑带出现在省交通医院的排爆现场。

"如果我不在了，你们谁的党龄长，谁上"

张保国重伤后，李静在医院陪护时曾不止一次地对他说："你一直瞒着我做这么危险的工作，现在人也残疾了，求你不要再去拆炸弹了，你至少得留一条命给我和女儿吧。"可张保国总是回避妻子的这个问题，他心里是怕队员们经验不足，一旦出事，非死即伤，这份内疚他受不了！

张保国出院后不久，有一天李静下班回家，发现丈夫的脸又红又肿，尤其是眼睛充血了。她知道，他尚在康复期，新皮肤不能见阳光，没准又是去"出现场"了。但张保国不承认，说"只是去单位转转"。第二天，李静从报纸上看到，是市内发现了可疑爆炸物，徒弟们没有把握，打电话来"搬救兵"，张保国只戴了顶遮阳帽就出门了。

其实当年张保国还在病床上，就有记者问他："选择排爆工作后悔吗？"他很坚定地回答："排爆危险，但总得有人干。我是科班出身，专业知识和经验比别人丰富，我不干谁来干？"

这种舍我其谁的英雄气概，真的令人敬佩！

2008 年北京奥运会开幕前两天的晚上，济南长途汽车西站来了一个不速之客，说要将一个黑色塑料袋留在停车场里"济南—安阳"的客车上"占座"，幸亏车站工作人员警惕性高，发现了塑料袋里有汽油桶等易燃易爆物。接警后，张保国立即赶往车站，在路上他已经了解了案情的来龙去脉。抵达现场后，他二话不说就穿上防爆服。队友知道他双手因伤致残，为他捏了把汗，他还是那句话：

张保国接到出警命令，毫不犹豫地奔赴现场。　　张保国 供图

"我是共产党员，我是排爆队长，我就是第一排爆手。如果我不在了，你们谁的党龄长，谁上！"说完，毅然走向长途客车。

每当张保国讲述排爆往事的时候，他双眼英气逼人，这是20年养成的临战必胜的战斗意志的自然流露。

"您到了排爆现场先做什么？"曾有记者问他。

"先用频率干扰仪屏蔽无线信号，防止遥控引爆；再通过电子听音器、非线性结点探测仪、便携式 X 光探测仪等设备，判定可疑物是否真是爆炸物，以及可能的引爆方式。"他说。

在此之前，很多记者还一直以为"排爆主要靠勇敢"。

"不勇敢绝对不行，可光勇敢也肯定不行。这活儿胆小的干不了，胆大的也不一定合适，因为胆大的可能鲁莽，一丁点差错就可能铸成大错。胆小就更不用说了。"张保国说，"必须胆大心细，还要有专业知识的积累。"

他用刀慢慢划开黑塑料袋，查清了藏在里面的蓄电池、遥控起爆器、爆炸物、1.8 升汽油，整个爆炸物的结构都呈现在眼前。他回来给现场指挥的领导画了张炸弹结构图，领导通过了处置方案，让他再抽支烟镇定一下。

平时从不抽烟的他，这次破例静静地抽完一支烟，让队友帮他戴好头盔，一步一步地走向长途车，干脆利落地剪断了关键的引爆线路。

"排爆就像很多电影里拍的，必须在红线、绿线之间选一根电线剪下去吗？"曾有记者问他。

他笑了："我只能说，所有电影里看到的要剪电线的排爆，是演给观众看的，它和实际上我们遇到的，天差地别。"接着，他神情又严肃起来，"那个装置是遥控引爆的。要是第二天它在高速公路上遥控引爆，那客车上几十条人命可能就都没了，还很难破案。"

嫌犯在第二天落网。他供述，是另一家长途客运公司为生意竞争雇他制作了这个遥控炸弹。

2016 年国庆期间，山东某市发生一起爆炸案。嫌犯在家中拒捕时自爆身亡，却留下了 5 个爆炸物。张保国受命异地驰援，因犯罪嫌疑人将爆炸物分别装在收纳箱里，采用"一开箱就炸"的引爆方式，排爆难度很大。省厅领导要派十多名民警支援他，张保国摇摇头，伸出被烈火烧残的 3 根手指说："只要 2 个人配合我就够了。"这是他早就确定的排爆"三最原则"：用最少的人数参与，用最少的次数接近，用最短的时间拆除。

3 位身穿防爆服的勇士，仔细研究了爆炸物后，判明了爆炸装置的结构。张保国伸出左手食指，指出了必须先剪的那根线。

5 个爆炸装置——成功排除。

张保国说，迄今为止，他已掌握了 4 大类 100 多种爆炸装置的爆炸原理和模型。

"现在咱排爆中队不是已经装备了排爆机器人吗？如果再发现疑似爆炸物，是不是可以让机器人来代替排爆手来排爆？"还有记者问张保国。

"现在的排爆机器人还达不到这个程度。排爆机器人现在还只能简单地短距离转移疑似爆炸物，或用水炮摧毁爆炸物。要拆除炸弹，还得靠排爆手上。"

正因为如此，张保国仍奋战在排爆第一线。

自打上次张保国重伤以后，只要丈夫"出现场"还没回家，李静就整天提心吊胆、夜不安眠。那时，她最怕远处传来警车声和救护车的笛声，最怕车到她家门口停下，于是她就在心里不停地念叨："别停下！别停下！"只有车声、笛声远去，她这颗悬着的心才慢慢放了下来。她相信，只要这两种车没上自己家，至少说明保国还没出事，还是安全的。

直到 2018 年，李静作为家属应邀参加"公安部一级英模表彰报告会"，当报告人讲述张保国的英雄事迹时，她才"完整版"地知晓了丈夫 19 年来经历的惊心动魄的一切。这个回了家嘴上总说"没有什么危险"让她宽心的男人，其实前一刻也许正与歹徒留下的爆炸物"怼"过眼神，交过手！她内心受到极大的震撼，娃他爹太难了！

"可他直到现在，左右手的小指、无名指都是扭曲变形的。"李静心疼地说。

济南市公安局特警支队正在培养新的排爆手。城市安全确实需要培养更多的排爆手。

2019 年 11 月，李静被授予山东省"十佳好警嫂"。这对夫妻携手走来，太不容易了！

女儿佳佳说，将来也要当警察。

"我现在双手无法攥紧，握力大减，灵活性降低，我的排爆操作受到一定的影响，但我的经验还在，我的胆量还在，我的热爱还在。"张保国坚毅地说。

所幸的是，这类案件近年来大幅减少。

"百姓平安，我们也安全。"张保国笑着说。

张保国，他就是新时代的"烈火金刚"。

图书在版编目（CIP）数据

人民卫士 / 郑蔚著 . —上海：少年儿童出版社，2020
（少年读中国）
ISBN 978-7-5589-0986-3

Ⅰ . ①人… Ⅱ . ①郑… Ⅲ . ①公安机关—先进工作
者—先进事迹—中国②国防建设—先进工作者—先进事
迹—中国 Ⅳ . ① K828.2-49 ② K825.2-49

中国版本图书馆 CIP 数据核字（2020）第 157649 号

少年读中国
人民卫士
郑　蔚著

章金昇 绘图
章金昇 装帧

出版人 冯　杰
责任编辑 庞　冬　美术编辑章金昇
责任校对 沈丽蓉　技术编辑 许　辉

出版发行 上海少年儿童出版社有限公司
地址 上海延安西路 1538 号　　邮编00052
印刷 天津旭丰源印刷有限公司
开本 890×1240　1 / 32　印张 6.5　字数 98 千字
2020 年 11 月第 1 版　　2022 年 3 月第 4 次印刷
ISBN 978-7-5589-0986-3 / Ⅰ·4650
定价 45.00 元